lonely planet

W0204005

Weltstars der Architektur

Die 120 erstaunlichsten Bauwerke und wo du sie findest

Die Weltstars der Architektur: klassisch, skurril oder modern

Oft reisen wir nur an einen Ort, um ein bestimmtes Gebäude zu sehen – den Taj Mahal, den Schiefen Turm von Pisa oder den Eiffelturm. Dann machen wir ein Selfie davor und freuen uns, diese Attraktion besucht zu haben.

Warum eigentlich? Weil Gebäude unendlich faszinierend sind: Sie sind Ausdruck von Schönheit, Symbole ihres Zeitalters, Meisterwerke der Technik oder Sinnbilder menschlichen Strebens. Gebäude erzählen von unseren Ambitionen und Ideen – oder einfach nur vom Bedürfnis, ein Dach über dem Kopf zu haben. Der weltbekannte Architekt Frank Lloyd Wright hat es einmal so ausgedrückt: „Die Mutter aller Künste ist die Architektur. Ohne eigene Architektur fehlt unserer Zivilisation die Seele."

Dieses Buch fasst einige der erstaunlichsten Gebäude der Welt zusammen – großartige, außergewöhnliche, kuriose oder größenwahnsinnige. Weltberühmte Dauerbrenner oder Bauten, die man vielleicht zum ersten Mal sieht. Historische Stätten wie die Tempelanlage Angkor Wat in Kambodscha oder das Kolosseum in Rom. Kulturzentren wie das Guggenheim-Museum in Bilbao oder das Kunsthaus in Graz. Wolkenkratzer wie das Chrysler Building in New York oder der Turning Torso in Malmö. Skurrile Einzigartigkeiten wie das Dalí-Museum in Figueres oder das künstliche Dörfchen Portmeirion in Wales. Großartige Sakralbauten wie die Sagrada Família in Barcelona oder die Hagia Sophia in Istanbul.

Viel Vergnügen auf unserer Reise zu den Weltstars der Architektur!

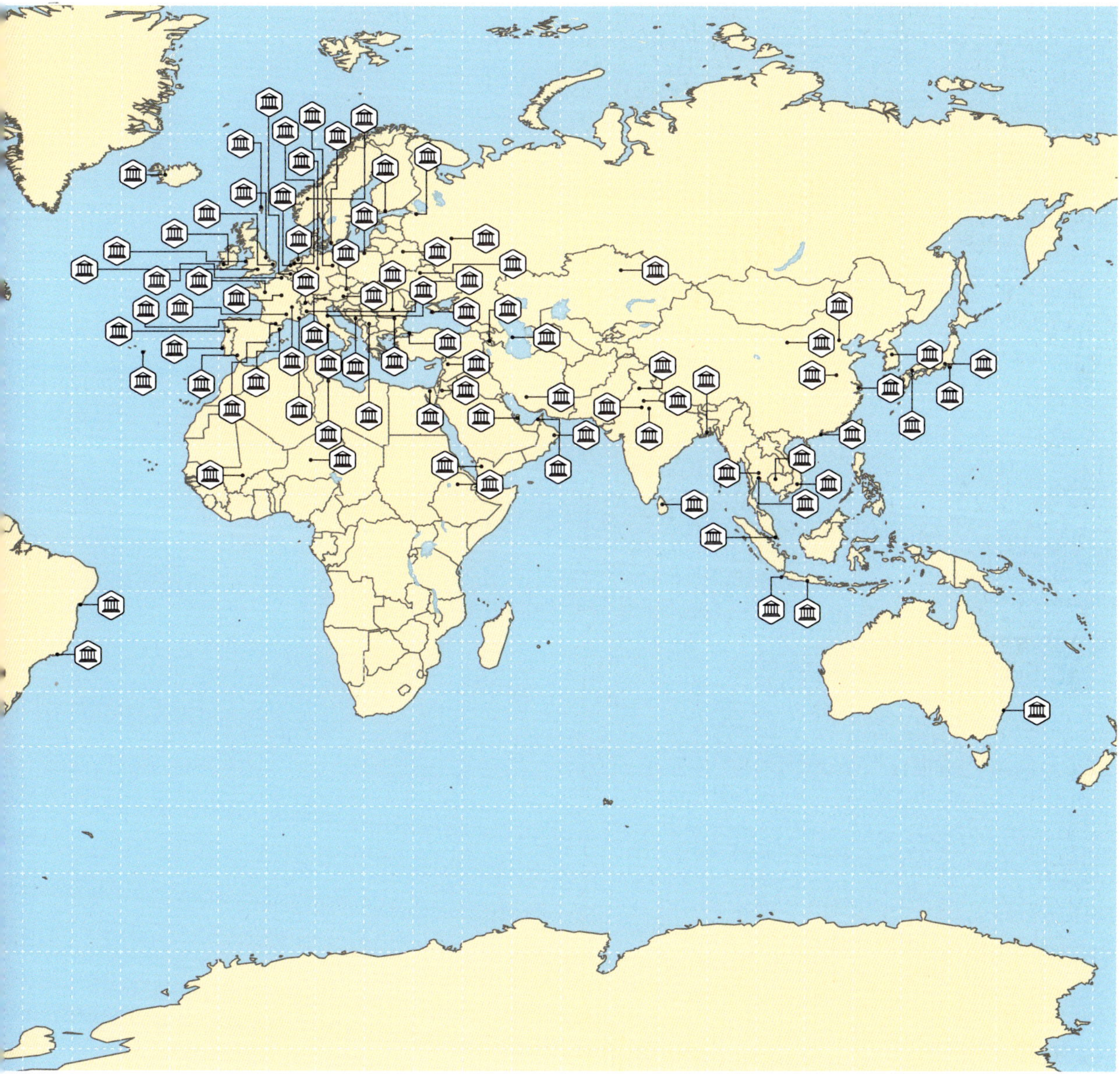

© DOESCHER / GETTY IMAGES

Lotustempel

1986

Fariborz Sahba

Delhi, Indien

Der Lotustempel sieht aus wie eine riesige Blume. Die „Blütenblätter" sind aus weißem Marmor und bilden einen eindrucksvollen Mittelsaal, der Platz für 2500 Menschen bietet. Der Tempel ist dem Bahaitum gewidmet und hat deshalb einen neunseitigen Grundriss (die Neun ist im Bahaitum eine bedeutende Zahl). Er steht aber Menschen aller Konfessionen offen.

Laut *CNN* ist der Lotustempel das meistbesuchte Gebäude der Welt. Am schönsten und am heiligsten wirkt er im Licht der untergehenden Sonne.

© AUTOFOCUS 67/FOTOLIA

Rettungs-station

1968

Ulrich Müther

Binz, Rügen, Deutschland

Wer behauptet, dass in der DDR nur rechteckige Plattenbauten entstanden sind, hat noch nie die ehemalige Rettungsstation auf der Insel Rügen gesehen. Sie wurde nach dem futuristischen Entwurf des Bauingenieurs Ulrich Müther gebaut und steht so filigran und leicht auf dem Ostseestrand, dass man ihr die Betonbauweise gar nicht ansieht. Müther selbst hatte das materialsparende Schalenbauverfahren erfunden. Heute wird das Gebäude mit der wunderbaren Aussicht vom Standesamt Binz genutzt und ist der wohl schönste Ort, sich trauen zu lassen.

© TORTOON / GETTY IMAGES

Geschichtspark Ayutthaya

ca. 1350

Architekt unbekannt

Ayutthaya, Thailand

Ruinenstädte haben immer etwas Aufregendes, aber Ayutthaya setzt noch einen drauf. Vom 14. bis zum 18. Jahrhundert war Ayutthaya durch seine Lage auf einer Insel nahe dem Golf von Thailand eine große Handelsmacht. Doch nach der Einnahme durch die birmanische Armee wurde die Stadt aufgegeben – was blieb, ist Archäologie. Aber diese Überreste sind atemberaubend: Elegante „Prangs" (Tempeltürme), prächtige Paläste und viele gut erhaltene Wandmalereien zeugen von vergangener Größe. Sorry, Bangkok … da kannst du nicht mithalten.

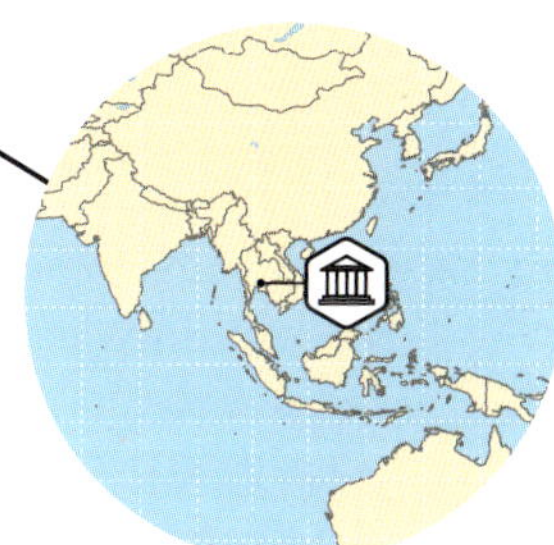

© MIKEL HERNANDEZ SALAZAR / 500PX

Alte Brücke (Stari Most)

1566

Mimar Hayreddin
Mostar, Bosnien-Herzegowina

Wie eine Katze, die den Buckel macht, spannt sich der 30 Meter weite Bogen elegant über das Wasser der Neretva. Doch die Alte Brücke aus osmanischer Zeit ist nicht nur ein schönes Bauwerk, sondern auch ein Symbol der Versöhnung. Durch ihre Zerstörung 1993 im Bosnienkrieg wurden der bosnisch und der kroatisch geprägte Stadtteil, die 427 Jahre lang verbunden gewesen waren, voneinander getrennt. 2002 wurde die Brücke wiederaufgebaut, und heute springen beim alljährlichen Wettbeweb wieder mutige Brückenspringer ins kalte Wasser.

S 12° 58′ 19.3872″ W 38° 30′ 30.4452″

© THIAGO LEITE / SHUTTERSTOCK

Pelourinho

ca. 1550–1600

Architekt unbekannt
Salvador, Bahia, Brasilien

Im historischen Stadtteil Pelourinho – kurz „Pelô“ – von Salvador pulsiert das Leben. Doch hinter der schönen Fassade verbirgt sich ein Ort vergangener Gräueltaten: Bis 1835 wurde hier ein Sklavenmarkt abgehalten.

Bunte portugiesische Kolonialbauten – etwa die hellblaue Barockkirche Igreja de Nossa Senhora do Rosário dos Pretos – umgeben den gepflasterten, steilen Stadtkern, der heute zum Unesco-Weltkulturerbe gehört. Beim sonntäglichen *bloco* trotzen Trommler lärmend der schwierigen Vergangenheit.

N 59° 56′ 25.7532′′ O 30° 18′ 49.5108′′

© BRIAN KINNEY / SHUTTERSTOCK

Eremitage (Winterpalast)

1754

Bartolomeo Francesco Rastrelli
St. Petersburg, Russland

Der Winterpalast, heute eines der Top-Museen der Welt, beherbergte einst die private Kunstsammlung von Katharina der Großen. Bis zu seiner Stürmung während der Oktoberrevolution 1917 war der Barockbau mit der grün, weiß und golden leuchtenden Fassade die Residenz der russischen Zaren.

Herzstück der riesigen Palastanlage und zugleich das Meisterwerk des Architekten ist die Jordantreppe mit ihren Malachitsäulen, vergoldeten Kapitellen und Darstellungen griechischer Götter.

© PHILIP LEE HARVEY / LONELY PLANET

Borobudur

9. Jahrhundert

Gunadharma
Magelang, Java, Indonesien

Wie eine Fata Morgana erhebt sich das sagenhafte Wunderwerk Borobudur aus den grün leuchtenden Reisfeldern Javas. Der riesige Tempelkomplex hält so manchen Weltrekord: das größte buddhistische Monument der Welt, 504 Buddhastatuen sowie 1460 Wandreliefs – die größte und vollständigste Sammlung buddhistischer Reliefs überhaupt. Die Tempelanlage in der spektakulären Landschaft des javanesischen Kedu-Beckens hat Vulkanausbrüche, Erdbeben und Kriege überstanden und ist bis heute eine Pilger- und Gebetsstätte.

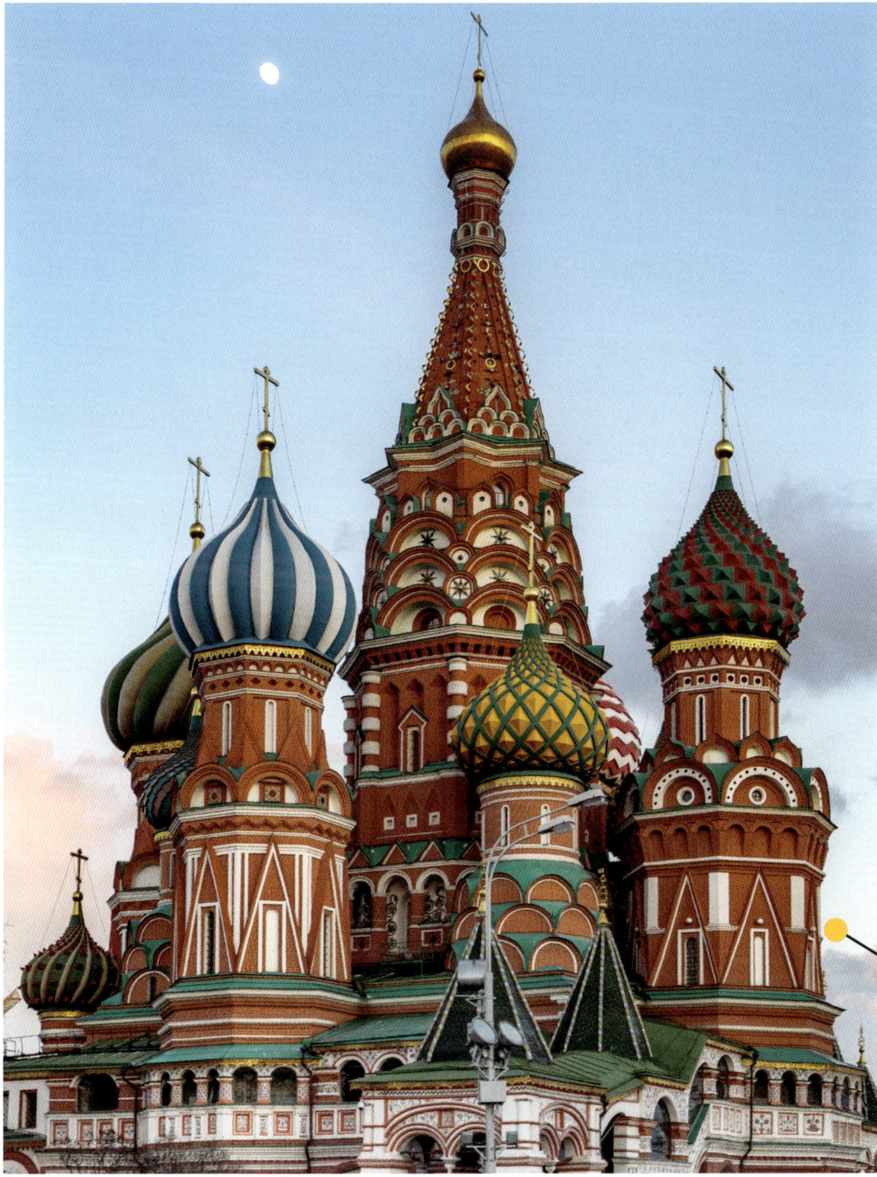

© FRANCESCO VANINETTI / GETTY IMAGES

Basilius-Kathedrale

1555

Postnik Jakowlew, Iwan der Schreckliche

Moskau, Russland

Dieses anmutige Ensemble aus neun bunten Kuppeln ist *das* Wahrzeichen Russlands. Die Kirche am Roten Platz in Moskau wurde von Iwan dem Schrecklichen als Andenken an die Eroberung Kasans errichtet. Einer Legende nach soll Iwan dem Architekten die Augen ausgestochen haben, damit er keine weitere Kathedrale mehr bauen kann. Während des Kommunismus war die Religionsausübung hier verboten und die Kirche Teil des Staatlichen Historischen Museums. Heute landet zum Glück für ein Gebet niemand mehr im Gulag.

N 30° 19′ 38.9748′′ O 35° 28′ 7.8492′′

Petra

400 v. Chr.–106

Die Nabatäer

Petra, Jordanien

Ihre Rolle in *Indiana Jones und der letzte Kreuzzug* machte die Felsenstadt Petra einem breiten Publikum bekannt, dabei steht sie vor allem für uralte Geschichte. Sie wurde komplett in den Fels geschlagen, und sie leuchtet je nach Tageszeit in verschiedenen Rot- und Brauntönen. Am bekanntesten ist die sagenumwobene kilometerlange Felsschlucht (Siq genannt), die direkt zum Khazne al-Firaun, dem „Schatzhaus“, führt. Aber es gibt noch so viel mehr zu sehen. Das Gefühl, ein Weltwunder zu besuchen, lässt einen gar nicht mehr los, während man von Grab zu Tempel klettert und dabei die Antike in sich aufsaugt.

© MARK READ / LONELY PLANET

N 41° 0′ 30.8124′′ O 28° 58′ 48.7452′′

© ARTUR BOGACKI / 500PX

Hagia Sophia

ab 537

Kaiser Justinian
Istanbul, Türkei

Der prächtige Sakralbau ist eines der bedeutendsten Gebäude der Welt. Er war erst eine byzantinische Kirche und wurde dann von den Osmanen in eine Moschee umgewandelt. Heute ist die Hagia Sophia ein Museum. Wegen ihrer riesigen Kuppel, einer technischen Glanzleistung, galt sie lange als achtes Weltwunder.

Als das architektonische Meisterwerk vollendet war, soll Justinian ausgerufen haben: „Salomo, ich habe Dich übertroffen." Es gibt zwar keine Tonaufnahme davon, aber glaubwürdig ist es trotzdem.

© TRAVELBILD.COM / ALAMY STOCK PHOTO

N 43° 43′ 39.1764′′ O 7° 6′ 46.728′′

Chapelle du Rosaire de Vence

1948–1951

Henri Matisse

Vence, Frankreich

Dieses schillernde Juwel ist das Meisterwerk des Künstlers Henri Matisse. Im Alter von 77 Jahren hat er es für die Nonnen des Dominikanerordens errichten lassen, dem auch seine ehemalige Krankenschwester und Muse Monique Bourgeois angehörte. Das blendend weiße Äußere ist herrlich, aber das Innere ist geradezu göttlich: Die gelben, grünen und blauen Buntglasfenster kontrastieren mit den schwarz-weißen Wandbildern aus Keramik. Obwohl Matisse Atheist war, erschuf er mit der Rosenkranzkapelle eines der wunderbarsten religiösen Gebäude der Welt.

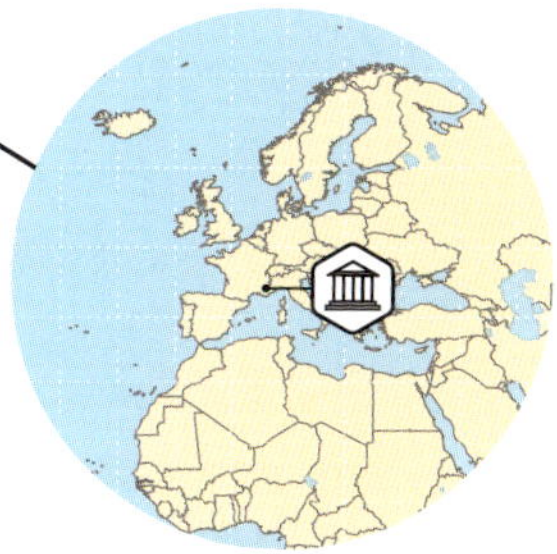

© FRAVAL / SHUTTERSTOCK

Viadukt von Millau

2004

Sir Norman Foster (Architekt); Michel Virlogeux (Ingenieur)

Millau, Südfrankreich

Der Viadukt von Millau ist ein wahrer Bau der Superlative: der größte Brückenturm der Welt, die höchste Straßenbrücke Europas und das höchste Bauwerk Frankreichs. Die Konstruktion ragt so weit in den Himmel, dass die Wolken manchmal unter ihr hindurchziehen. 20 Jahre dauerte die Planung, und am Ende wurde der Viadukt sogar mit der Herausgabe einer Sonderbriefmarke geehrt.

Doch nicht nur die Brücke, auch die Aussicht auf die hübsche Kalksteinschlucht, durch die der Fluss Tarn fließt, ist einen kurzen Stopp wert.

© DENIS CHARLET / GETTY IMAGES

Ring der Erinnerung

2014

Philippe Prost
Ablain-Saint-Nazaire, Nordfrankreich

Dieser 328 Meter lange Betonring auf einem Hügel ist offiziell als Gefallenenmahnmal Notre-Dame-de-Lorette bekannt und wurde zur hundertjährigen Gedenkfeier des Ersten Weltkriegs errichtet. In seinem Inneren befinden sich 500 Metallstelen mit 579 606 Namen in alphabetischer Reihenfolge; Religion, Herkunftsland oder Rang sind nicht erwähnt. Prost beschrieb sein bewegendes Denkmal mit den Worten „Einheit und Ewigkeit". Wer genau hinsieht, erkennt, dass der Ring an manchen Stellen schwebt – eine Anspielung auf die Flüchtigkeit des Seins.

Guggenheim-Museum

1997

Frank Gehry

Bilbao, Spanien

Der Bau des Guggenheim-Museums löste vor zwei Jahrzehnten einen regelrechten Trend aus: den sogenannten „Bilbao-Effekt". Konjunkturschwache Städte bauten sich glanzvolle neue Kunstmuseen, um damit wieder auf die Beine zu kommen. Von außen wirkt das Museum wie ein riesiger springender Fisch. Und das Innere ist so aufregend wie das Durcheinander der sich überschneidenden Titanpanelen darüber.

Die Touristen kamen, und Bilbao erholte sich. Doch sooft es auch kopiert wurde, das Guggenheim-Museum bleibt das Original.

© TIM GRAHAM / ALAMY STOCK PHOTO

© SERBI / SHUTTERSTOCK

Berliner Fernsehturm

1965–1969

Fritz Dieter, Günter Franke und Werner Ahrendt

Berlin, Deutschland

Der schlanke Turm gilt als *das* Berliner Symbol für den Kalten Krieg. Mit seiner Höhe von 368 Metern ist er von fast überall in der Stadt zu sehen. Das höchste Gebäude Deutschlands wurde in den 1960er-Jahren von der DDR-Regierung gebaut und war ein eiskalter Fingerzeig an die Welt.

Heute steht der Fernsehturm für ein wiedervereintes Berlin und weckt bei manchen höchstens noch ein bisschen Ostalgie. Das Restaurant in der Kugel dreht in 30 Minuten eine komplette Runde.

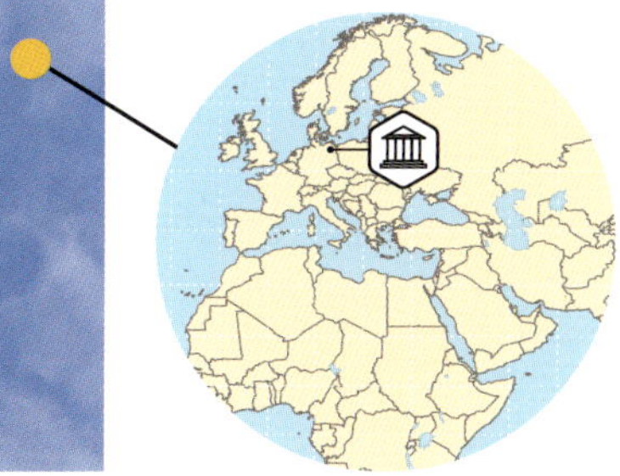

N 30° 45′ 42.4152′′ O 76° 47′ 54.2472′′

© VIEW PICTURES LTD / ALAMY STOCK PHOTO

Chandigarh Sekretariat

1953

Le Corbusier
Chandigarh, Indien

Es lohnt sich, auf der Zugfahrt zwischen Delhi und den nördlichen Hill Stations in Chandigarh einen Zwischenstopp einzulegen. Die Planstadt wurde vom schweizerisch-französischen Architekten Le Corbusier für den ersten indischen Premierminister Jawaharlal Nehru entworfen und ist ein ausgeklügeltes Zusammenspiel aus Verkehrskreiseln, öffentlichen Plätzen und außergewöhnlichen Gebäuden, zum Beispiel diesem langen Rohbetonklotz mit seinem kühlenden Gitter.

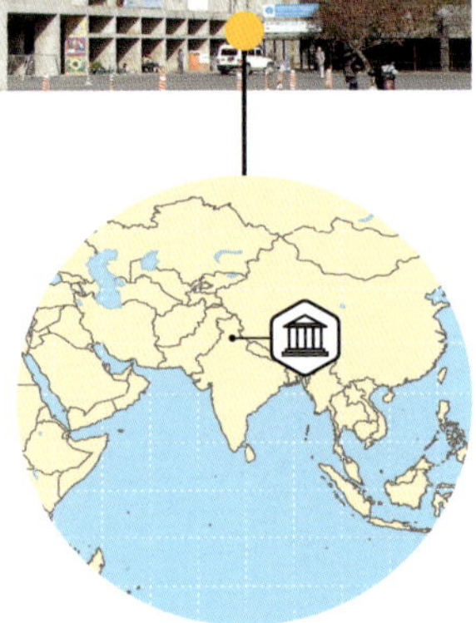

© ROBERTO MACHADO NOA / GETTY IMAGES

Chrysler Building

1930

William Van Alen

New York, USA

Seine markante Silhouette und die nachts beleuchtete Art-déco-Spitze machen diesen Wolkenkratzer unverwechselbar. Ein Jahr lang war das Chrysler Building das höchste Gebäude der Welt, bis es 1931 vom Empire State Building übertrumpft wurde. Mit 318,9 Metern Höhe bleibt es dennoch majestätisch. Das aus Ziegelsteinen um eine Stahlkonstruktion erbaute Hochhaus war bis Mitte der 1950er-Jahre Hauptsitz des Autobauers Chrysler Corporation. Es erstaunt deshalb nicht, dass die Dekoration der Turmspitze an Kühlerhauben, Kühlerfiguren und Radkappen erinnert.

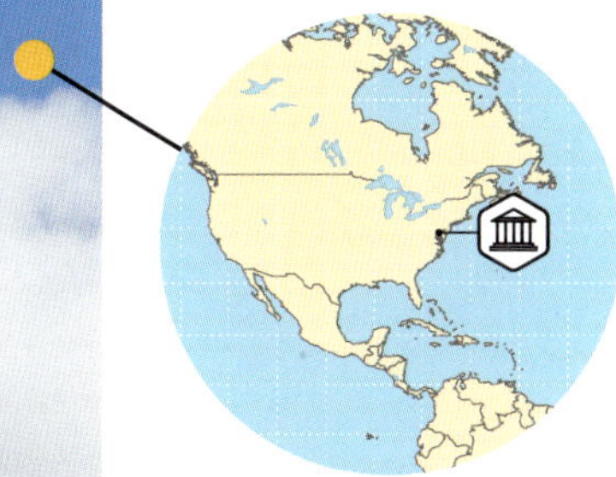

Yinchuan Museum of Contemporary Art (MOCA)

2015

we architech anonymous (waa)
Yinchuan, China

Yinchuan liegt in der autonomen Region Ningxia und war einst ein wichtiger Handelsposten an der Seidenstraße. Deshalb hat sich das MOCA auf chinesische und islamische Kunst spezialisiert. Es ist aber die Architektur, die besonders auffällig ist: eine fließende Form, die den Gelben Fluss symbolisiert. Gleichzeitig soll das Museum auch eine Brücke sein, welche die arabische und die chinesische Welt miteinander verbindet.

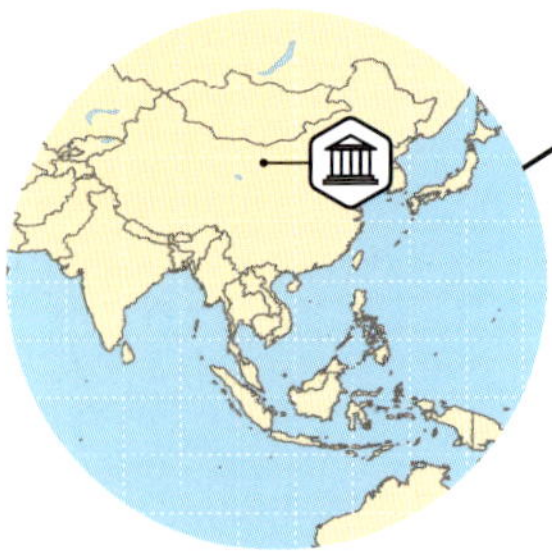

N 38° 22′ 12.9936′′ O 106° 22′ 20.676′′

© WAA

N 39° 54′ 22.7664′′ W 79° 28′ 4.206′′

© IAN DAGNALL / ALAMY STOCK PHOTO

Fallingwater

1937

Frank Lloyd Wright

Mill Run, Pennsylvania, USA

Mit den quer übereinandergestapelten Etagen über einem Wasserfall sieht dieses Haus aus wie ein Jenga-Turm. Es wurde für den Kaufhausmogul Edgar J. Kaufmann gebaut und ist ein beeindruckendes Beispiel für die sogenannte organische Architektur – das Markenzeichen von Frank Lloyd Wright: Wohnraum und Landschaft, Architektur und Natur verschmelzen auf einzigartig harmonische Weise.

Seit 1964 ist das Haus ein Museum.

© VIEW PICTURES/REX/SHUTTERSTOCK

Long Museum West Bund

2014

Atelier Deshaus
Schanghai, China

Das erste private Museum Chinas! Es wurde für den chinesischen Milliardär Liu Yiqian und seine Ehefrau Wang Wei errichtet. Die Architekten aus Schanghai bauten einen gewölbten Raum aus Beton über den Resten eines alten Kohlehafens aus den 1950er-Jahren. Durch diesen gewagten Mix aus rauem Altem und poliertem Neuem entstehen faszinierende Kontraste. Die staunenden Besucher können frei durch die tempelartigen Räume schlendern und zeitgenössische wie auch traditionelle chinesische Kunst betrachten.

N 25° 19′ 3.5364′′ O 51° 26′ 48.8004′′

© QATAR FOUNDATION

Fakultät für Islamische Studien

2015

Mangera Yvars Architects
Doha, Katar

Das Gebäude sieht aus wie ein riesiges futuristisches Fahrzeug. Doch die Fakultät für Islamische Studien ist ein Ort des Lernens, der Glauben, Wissenschaft und Moderne miteinander verbindet.

Katar will sich neu als moderner islamischer Kulturstandort positionieren. Und dieses Gebäude verkörpert seinen Anspruch von den Grundmauern auf: Fünf große Pfeiler stehen für die fünf Säulen des Islam, und Koranverse an den zwei ultramodernen Minaretten tragen die Botschaft in die Welt hinaus.

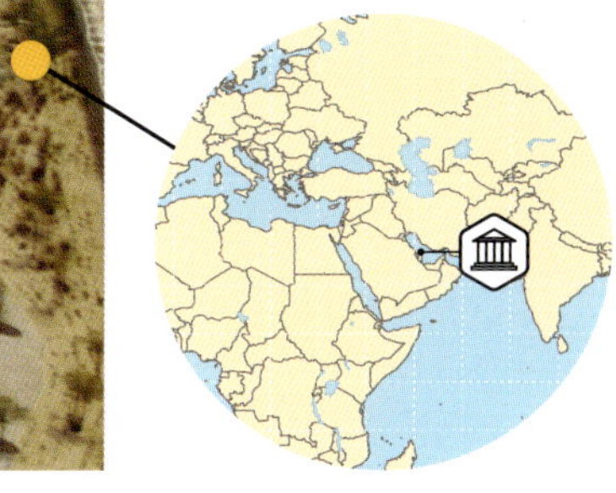

N 37° 49′ 6.8448″ W 25° 31′ 39.4248″

Arquipélago – Centro de Artes Contemporâneas (ACAC)

2014

João Mendes Ribeiro und Menos é Mais
Ribeira Grande, Azoren, Portugal

Die Azoren mögen nur eine hübsche grüne Inselgruppe im Meer sein, aber heutzutage braucht eben jeder noch so abgelegene Ort sein Kunstmuseum. In diesem Fall ist es das ACAC, das um ein altes Lagerhaus für Zigaretten und Alkohol gebaut wurde. Das Resultat ist minimalistisch und schlicht. Der graue Basalt, der diesen Effekt noch verstärkt, soll die vulkanische Landschaft widerspiegeln.

© JOSÉ CAMPOS PHOTOGRAPHY

© OSTILL / SHUTTERSTOCK

Museu de Arte Contemporânea de Niterói

1996

Oscar Niemeyer

Niterói, Brasilien

Oscar Niemeyer hat Brasilien architektonisch geprägt wie kein Zweiter. Er entwarf die Hauptstadt Brasília und im Alter von 89 Jahren dieses Museum für zeitgenössische Kunst. Es ist dem Weltraumzeitalter entsprungen und wirkt wie eine fliegende Untertasse, die über der Guanabara-Bucht balanciert. Ein Wasserbecken reflektiert das Gebäude, und eine Außenrampe mit rotem Boden windet sich 98 Meter zum Eingang hinauf.

Für die Inneneinrichtung des UFOs war übrigens die Tochter des Architekten Anna Maria zuständig.

N 39° 59′ 35.9196′′ O 116° 23′ 47.7492′′

© LU JINRONG / SHUTTERSTOCK

Nationalstadion Peking (Vogelnest)

2003–2007

Herzog & de Meuron und CAG
Peking, China

Manche Olympiabauten geraten nach dem Ende der Spiele schnell in Vergessenheit. Nicht so das Nationalstadion in Peking, das schon während der Olympischen Sommerspiele 2008 zum Wahrzeichen und Besuchermagnet wurde. Die Hülle des Stadions mit den verschlungenen Stahlträgern ist von der traditionellen chinesischen Keramik und der Natur inspiriert.

Nach den Spielen blieb das Vogelnest erst unbenutzt, doch heute füllen es eine Shoppingmall und Konzerte wieder mit Leben.

N 41° 38′ 6.4356′′ W 88° 32′ 8.0232′′

Farnsworth House

1951

Ludwig Mies van der Rohe
Plano, Illinois, USA

Das bekannteste Ferienhaus der Welt ist gerade dabei, noch etwas berühmter zu werden. Es dient als Filmkulisse für Jeff Bridges in seiner Rolle als Mies van der Rohe. In dem Film soll es um dessen Beziehung zu seiner Bauherrin Edith Farnsworth gehen, gespielt von Maggie Gyllenhaal. Farnsworth wünschte sich ein zweites, gläsernes Heim, in dem sie sich entspannen und ihren Hobbys nachgehen konnte. Ihre Liebesbeziehung war nicht von Dauer, aber das Paar hinterließ ein Haus, das unzählige Architekten inspirierte.

© CAROL HIGHSMITH / GETTY IMAGES

© HARRYFN / GETTY IMAGES

Finlandia-Halle

1967–1971

Alvar Aalto

Helsinki, Finnland

Die Schönheit Finnlands liegt in seiner Unaufdringlichkeit. Genau das macht auch die Finlandia-Halle aus: Das Kongress- und Konzertgebäude im Zentrum Helsinkis verströmt einen sanften Hauch von Eleganz. Von den Türen bis zu den Fliesen trägt alles Aaltos Handschrift. Einmalig ist auch die Lage der Halle am Ufer der Bucht Töölönlahti. Mit ihren langen Seitenflügeln, den unzähligen besonderen Details, dem Restaurant und der Konzerthalle wirkt die Finlandia-Halle wie ein Ort des Friedens – vielleicht wie ein Birkenwald oder eine Kirche. Mit einem Wort: genial.

Habitat 67

1967

Moshe Safdie

Montreal, Kanada

Die Hauptstadt Quebecs mit ihrem überschaubaren Zentrum, dem Alten Hafen und den hervorragenden Restaurants ist äußerst sympathisch. Und sie trumpft mit einigen Hinterlassenschaften der Olympischen Winterspiele 1976 und der Expo 1967 auf. Zu letzteren zählt das Habitat 67, ein kubischer Wohnblock auf der Halbinsel Cité du Havre. Der Komplex wurde vom israelisch-kanadischen Architekten Moshe Safdie als Beitrag Kanadas entworfen – ein Versuch, qualitativ hochwertige und trotzdem kostengünstige Wohnmodule zu schaffen.

© ZACK FRANK / SHUTTERSTOCK

© KATIEKK / SHUTTERSTOCK

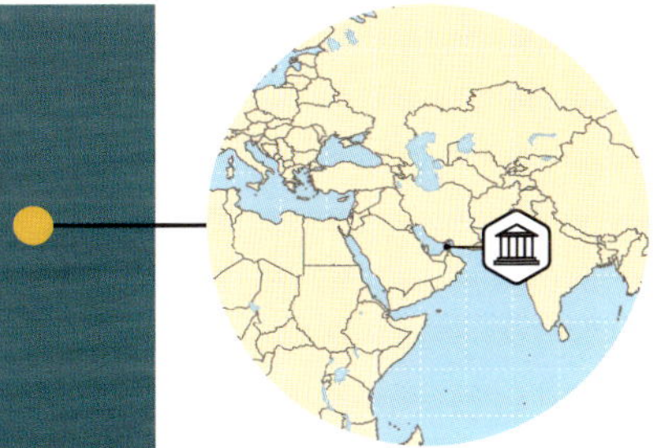

Burj al Arab

1999

Tom Wright, Atkins
Dubai, VAE

Das Burj al Arab steht auf einer künstlichen Insel und ist eines der Wahrzeichen Dubais. Das Luxushotel sieht aus wie das Segel einer riesigen Dau, die verheißungsvoll dem Golf entgegenfährt, und soll das moderne Dubai symbolisieren.

Der Komfort im inoffiziell ersten „Sieben-Sterne-Hotel" der Welt ist genauso exklusiv wie die Architektur: Nach der Anreise im hoteleigenen Hubschrauber oder im Rolls-Royce mit Chauffeur macht man es sich am besten erst einmal am Privatstrand bequem und weist dann den Butler darauf hin, dass man das volle Burj-Paket zu buchen wünscht.

Sancaklar-Moschee

2012

Emre Arolat Architecture
Büyükçekmece, bei Istanbul, Türkei

Die unter der Erde liegende modernistische Moschee wirkt wie von Frank Lloyd Wright inspiriert. Ein bisschen wie eine spirituelle Höhle, deren Öffnungen die Besucher in die Erde hineinziehen möchten. Der unterirdische Effekt wird durch die Terrassenstufen aus hellgrauem Stein etwas abgemildert – ein harmonisches Zusammenspiel zwischen dem Künstlichen und dem Natürlichen. Denn genau das, sagen die Architekten, sei die „Essenz eines religiösen Raumes".

© SAMET GULER / SHUTTERSTOCK

© AHOWDEN - SRI LANKA STOCK PHOTOGRAPHY / ALAMY STOCK PHOTO

Heritance Kandalama

1992–1995

Geoffrey Bawa

Dambulla, Sri Lanka

Der 2003 verstorbene Architekt Geoffrey Bawa hinterließ ein umfangreiches Werk, darunter etwa das sri-lankische Parlament oder 13 Hotels, alle im „tropisch-modernen" Stil erbaut, der typisch für ihn war.

Das Heritance Kandalama Hotel ist eines von Bawas Meisterwerken. Es fügt sich nahtlos in die Dschungel-Umgebung ein, und die Aussicht auf endloses Grün, einen Stausee und die Ruinen der königlichen Felsenfestung Sigiriya aus dem 5. Jahrhundert ist einfach zauberhaft.

© PICS FACTORY / SHUTTERSTOCK

Centre Pompidou

1977

Renzo Piano und Richard Rogers
Paris, Frankreich

Bei seiner Eröffnung vor über 40 Jahren war das Centre Georges-Pompidou (alias Beaubourg) etwas noch nie Dagewesenes, das den Parisern den Atem raubte. Mit seinen auffälligen Rohren an der Außenseite wirkte es wie ein umgestülpter Heizungsraum. Und im Inneren erwartete sie ein Kulturzentrum mit einem Museum für moderne Kunst, einer Bibliothek, Kino- und Theatersälen, einer Buchhandlung, einem Restaurant und einem Café. Ein völlig neues, sehr lebendiges Konzept von Kultur, das die Kritiker schnell verstummen ließ.

© CATE_89 / SHUTTERSTOCK

MMM Corones

2013–2015

Zaha Hadid

Kronplatz, Südtirol, Italien

Ein Museum über Berge muss spektakulär sein – und genau das ist das Messner Mountain Museum (MMM) Corones mit seiner freischwebenden Panoramaterrasse, von der man über die italienischen Alpen blickt. Reinhold Messner begründete sechs MMMs, aber das auf dem Kronplatz, zwischen den prächtigen Gipfeln der Zillertaler Alpen, des Ortlers und der Dolomiten, ist die Krönung.

Doch nicht nur die Aussicht auf 2275 Metern ist eindrücklich, sondern auch Zaha Hadids Gebäude: Geschwungene Räume führen direkt in den Berg hinein.

© PHOTOGRAPHS/IMAGES: JUNTA CONSTRUCTORA DEL TEMPLE DE LA SAGRADA FAMÍLIA. ALL RIGHTS RESERVED.

La Sagrada Família

ab 1882

Antoni Gaudí

Barcelona, Spanien

Der Exzentriker Antoni Gaudí hat Barcelona architektonisch geprägt wie kein anderer, und die Basilika Sagrada Família ist sein Meisterwerk. Sie überragt die Stadt und ist ein Musterbeispiel für Gaudís markanten Stil, der schwindelerregend zwischen Gothik und Modernisme – der katalanischen Version des Jugendstils – oszilliert. Es überrascht wenig, dass die Kirche Spaniens meistbesuchtes Monument ist. Bis 2026, zum hundertsten Todestag Gaudís, soll sie fertiggestellt sein. Dann wird sie 18 Türme haben und mit 172 Metern der höchste Kirchenbau der Welt sein.

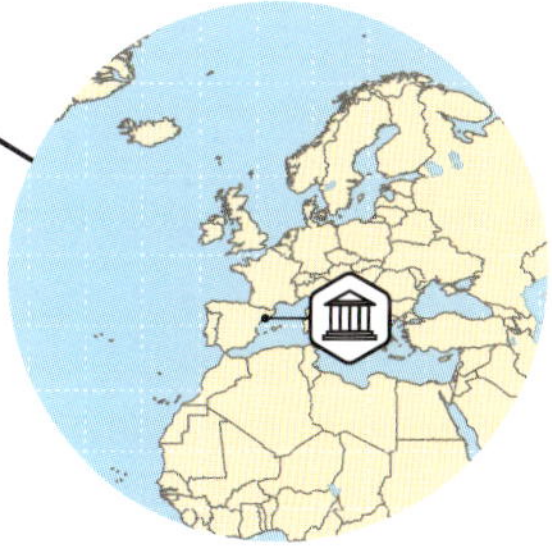

© ARIYAPHOL JIWALAK / SHUTTERSTOCK

Parkroyal on Pickering

2013

WOHA

Singapur

Dieses Luxushotel ist der vermutlich größte Blumentopf der Welt. Die Balkone und Terrassen sind inspiriert von Reisfeldern und geologischen Formationen und von oben bis unten mit tropischen Pflanzen bedeckt – ein grüner Farbtupfer im Großstadtdschungel Singapurs. Jedes Zimmer blickt ins Grüne, und zwischen den Pflanzen wecken Steine, Lianen und Teiche Tarzanfantasien. Hoch über den Dächern der Stadt lockt ein 300 Meter langer Spazierweg durchs Grüne sowie ein Infinity-Pool mit gemütlichen Cabanas. Eine perfekte Verbindung von Stadt und Land.

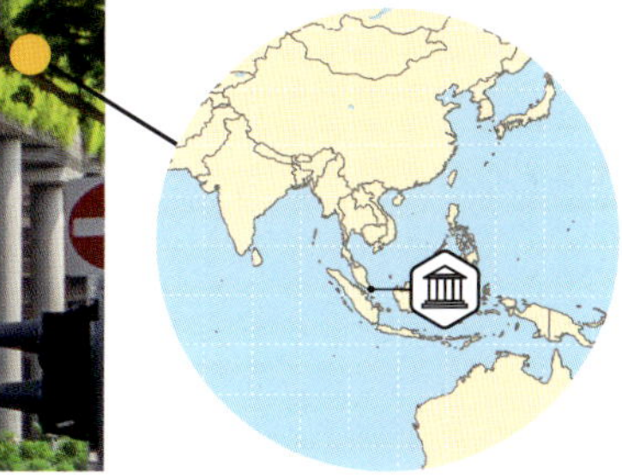

N 47° 4′ 16.7556″ O 15° 26′ 2.8212″

© GORDAN GLEDEC / GETTY IMAGES

Kunsthaus Graz

2003

Peter Cook und Colin Fournier
Graz, Österreich

2003 war Graz Kulturhauptstadt Europas. Aus diesem Anlass wurde das Kunsthaus gebaut, das seither zusätzlich Touristen in die hübsche Stadt lockt. Das Meisterwerk in Form einer Seifenblase und mit 1066 zwinkernden „Acrylglasaugen" liegt zwischen den alten Dachgiebeln der Stadt und dem Fluss Mur. Die Grazer haben ihren sogenannten „Friendly Alien" lieb gewonnen und akzeptieren das spielerische Beispiel der „Blob-Architektur" in ihrer ansonsten eher traditionellen Altstadt.

© V. BEN / SHUTTERSTOCK

Fuji-TV-Gebäude

1997

Kenzō Tange

Tokio, Japan

Von der Monorail-Bahn der Yurikamome-Linie aus auf dieses Gebäude zu blicken, ist ein unschlagbar futuristisches Erlebnis. Den Hauptsitz des Fernsehsenders Fuji TV entwarf der Stararchitekt Kenzō Tange. Er schuf einen Blickfang an der Uferfront des Tokioter Minato-Bezirks, der keinen Zweifel daran lässt, dass diese Firma für Innovation steht. „Himmels-Korridore" zwischen den beiden Eckgebäuden halten eine riesige silbrige Kugel, in der sich eine Aussichtsplattform befindet. Der Ausblick auf Tokio und auf den Fuji ist einfach großartig.

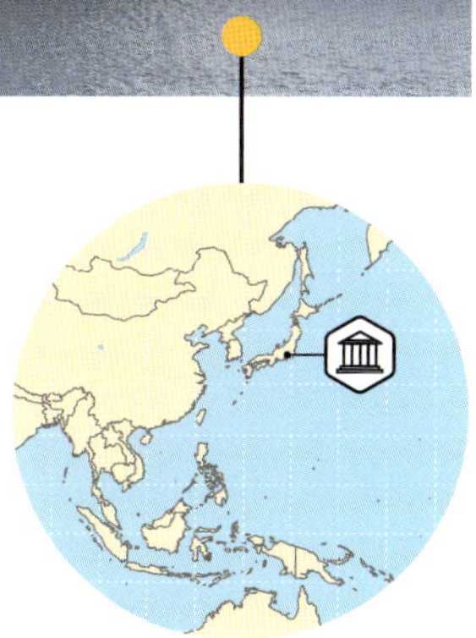

N 55° 43′ 2.6112″ O 37° 36′ 41.85″

© PAVEL L PHOTO AND VIDEO / SHUTTERSTOCK

Schabolowka-(Schuchow-)Radioturm

1920–1922

Wladimir Schuchow

Moskau, Russland

Die Russische Revolution hinterließ einige schöne Beispiele avantgardistischer Architektur. Eines davon ist der Schabolowka-Radioturm, auch als „Russlands Eiffelturm" bekannt. Die filigrane Stahlstruktur, die kegelförmig in den Himmel ragt, ist ein technisches Meisterwerk. Ursprünglich war eine Höhe von 350 Metern geplant, aufgrund von Stahlmangel wurde der Turm aber auf 160 Meter verkleinert. 2014 gab es Pläne, ihn abzureißen, die nach weltweiten Protesten schließlich aufgegeben wurden.

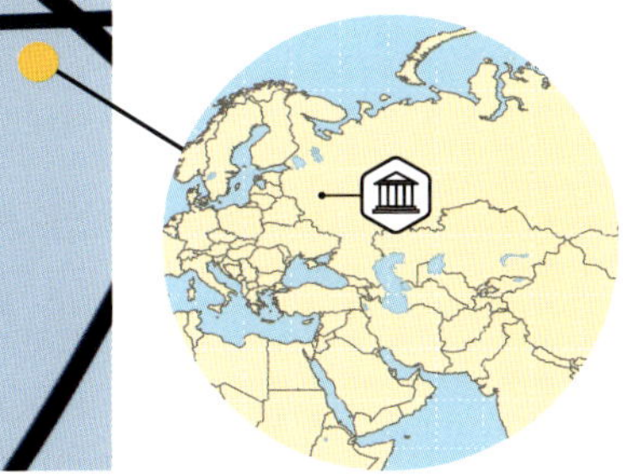

© MONDADORI PORTFOLIO / GETTY IMAGES

Atomium

1958

André und Jean Polak (Architekten); André Waterkeyn (Ingenieur)
Brüssel, Belgien

Belgien hat weitaus mehr Surreales zu bieten als die Meisterwerke von René Magritte – zum Beispiel das Atomium. Das Gebäude stellt eine Zelle des Kristallmodells von Eisen dar, die „Atome“ sind über Rohre miteinander verbunden. Entworfen wurde das 102 Meter hohe Bauwerk für die Brüsseler Expo 58. Im Inneren führen Treppen und Rolltreppen in die Räume der Hohlkugeln. Vom Restaurant in der Turmkugel aus genießt man einen hervorragenden Blick auf Brüssel. Eine herrliche Kuriosität und ein Symbol für die friedliche Nutzung der Atomenergie.

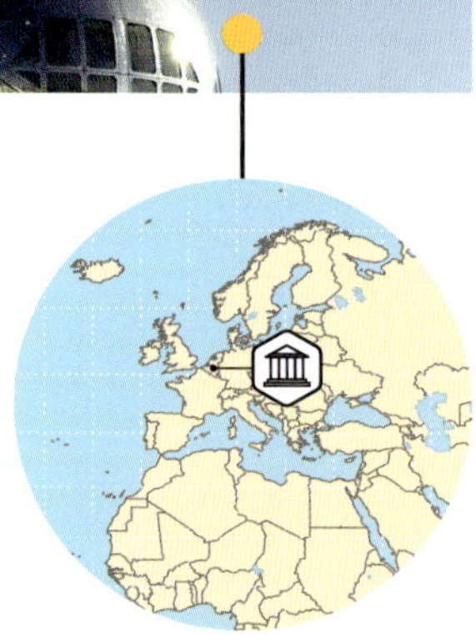

N 37° 23′ 35.9556′′ W 5° 59′ 30.7068′′

© MARGARET STEPEIN / LONELY PLANET

Metropol Parasol

2011

Jürgen Mayer
Sevilla, Spanien

Eher Kunst als Architektur, könnte man sagen. Aber der Metropol Parasol ist ein echtes Gebäude und erhebt sich über Sevillas einst verschlafener Plaza de la Encarnación. Mit einer Fläche von 150 x 70 Metern und einer Höhe von 26 Metern ist der „Sonnenschirm" die größte Holzkonstruktion der Welt. Der Bau war umstritten, dauerte ewig und kostete doppelt so viel wie geplant. Doch seit er fertiggestellt ist, erfüllt der Metropol Parasol seinen Zweck: als Dach eines Marktes, als Schattenspender, als Museum und als Besuchermagnet.

N 52° 54′ 48.0672″ W 4° 5′ 55.9356″

Portmeirion

1925–1976

Clough Williams-Ellis
Gwynedd, Nordwales

Wie könnte man dieses Märchendorf im Mündungsgebiet des Flusses Dwyryd an der Westküste von Nordwales beschreiben? Als eine zufällige Begegnung von Toskana, Tirol und Disneyland? Oder vielleicht als die entzückende und fantasievolle Komposition des Architekten Sir Clough Williams-Ellis?

Der Bau des künstlichen Dorfs dauerte ganze 50 Jahre. Heutzutage würde ein solches Projekt wohl nicht mal mehr die Planungsphase überstehen. Umso erfreulicher, dass das Dorf tatsächlich existiert und obendrein ein erfolgreiches Resort mit Hotels, Cafés und Restaurants ist.

© DGB / ALAMY STOCK PHOTO

© PICASA / GETTY IMAGES

Palais Stoclet

1905–1911

Josef Hoffmann

Brüssel, Belgien

Wie ein Relikt aus einer anderen Zeit mutet diese stattliche Villa an, die in einem Vorort von Brüssel steht. 1905 beauftragte der Bankier und Kunstsammler Adolphe Stoclet den Wiener Architekten Hoffmann mit dem Bau eines Wohnhauses, um den Stil der Wiener Secession nach Belgien zu holen. Entstanden ist ein Gesamtkunstwerk mit einer Außenfassade aus kühlem norwegischem Marmor und einem 8 Meter langen Wandfries von Gustav Klimt im Innern.

Bestaunen kann man den Palast leider nur von außen, er ist nicht öffentlich zugänglich.

N 40° 3′ 47.8584′′ W 82° 20′ 48.03′′

© CJM GRAFX / SHUTTERSTOCK

Basket Building

1997

NBBJ

Newark, Ohio, USA

Das Korbhaus ist der perfekte Hintergrund für ein Selfie: eine siebenstöckige Verrücktheit, die genauso aussieht, wie sie heißt. Der große Korb aus lokalem Holz war lange Zeit der Hauptsitz einer Firma, die spezialisiert war auf – Körbe. Also schlug ihr Chef vor, dass das Gebäude aussehen soll wie der Korb, der sich am besten verkaufte.

Das Korbhaus stand nach dem Auszug der Firma lange leer. Aber es bleibt Teil einer stolzen amerikanischen Tradition: nämlich Gebäude zu entwerfen, die so aussehen wie das, was in ihnen verkauft wird.

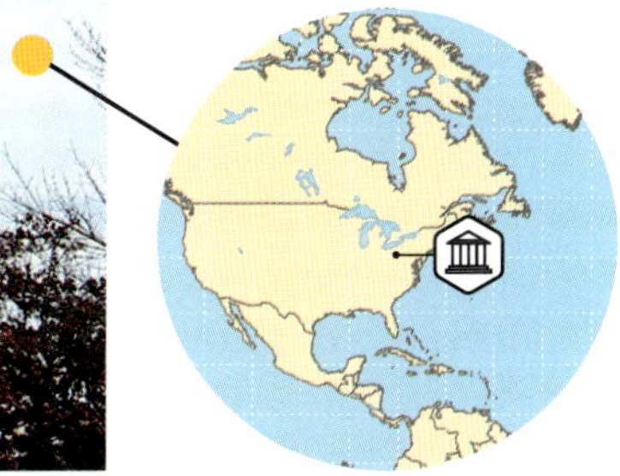

N 40° 23′ 45.7944″ O 49° 52′ 4.0584″

© SAIKO3P / SHUTTERSTOCK

Heydar-Aliyev-Zentrum

2007–2012

Zaha Hadid

Baku, Aserbaidschan

Das ölreiche Aserbaidschan am Kaspischen Meer nimmt jede Gelegenheit wahr, die Golfstaaten zu übertrumpfen. So gab man den Entwurf für dieses Kunstmuseum, benannt nach dem ehemaligen Präsidenten, in die Hände der Stararchitektin Hadid. Das Resultat ist spektakulär.

Am eindrücklichsten sind die enormen geschwungenen Formen – Hadids Markenzeichen –, die man von Süden aus am besten sieht. Im Inneren stellen die weiten, weißen Treppen und die fließenden Sichtachsen sogar die Ausstellungsstücke etwas in den Schatten.

N 55° 44′ 53.2824′′ O 37° 35′ 22.2072′′

Melnikow-Haus

1929

Konstantin Melnikow
Moskau, Russland

Vor hundert Jahren war die Russische Revolution in vollem Gange. Weg mit dem Alten! Das neue Zeitalter benötigte auch ein neues Gesicht: eine eigene Architektur. So entstand dieses von Bienenwaben inspirierte Haus aus zwei Zylindern mit 60 sechseckigen Fenstern. Der Architekt und Künstler Konstantin Melnikow hatte es als Wohnsitz und Atelier gebaut. Es liegt etwas versteckt im Stadtteil Arbat, aber der Besuch dieses Beispiels der russischen Avantgarde lohnt sich.

© BLOOMBERG / GETTY IMAGES

N 51° 55′ 13.0944′′ O 4° 29′ 26.682′′

Kubushaus

1977

Piet Blom

Rotterdam, Niederlande

Architektur, die sich nicht an Normen hält, hat das Zeug, Menschen zum Schmunzeln zu bringen. Und genau so geht es einem, wenn man diese 38 Wohnhäuser beim Bahnhof Blaak in Rotterdam zum ersten Mal sieht.

Jedes der Häuser ist wie ein Baum konzipiert, in ihrer Summe ergeben sie einen Wald. Die schiefen Würfel werfen ein ganz neues Licht auf die Welt, als würde man durch ein Kaleidoskop blicken. Und auch von innen sind sie witzig: Aus schrägen Räumen blickt man über Rotterdam. Ein geschäftstüchtiger Bewohner bietet sogar Touren durch seinen Wohnkubus an.

© JJFARQ / SHUTTERSTOCK

N 38° 47′ 15.6372″ W 9° 23′ 26.232″

© TATIANA POPOVA / SHUTTERSTOCK

Palácio Nacional da Pena

1836

Wilhelm Ludwig von Eschwege und Nicolau Pires

Sintra, Portugal

Wie ein Märchenschloss thront dieser Palast mit den bunt bemalten Terrassen, Wasserspeiern, Zinnen und Statuen auf einem Felsmassiv mit grandioser Aussicht. Schon der schlangenförmige Aufstieg zum Hügel ist – vor allem im Nebel – äußerst beeindruckend.

In Auftrag gegeben wurde das Schloss vom portugiesischen König Ferdinand II. Die Königinnen und Könige sind längst Vergangenheit, aber ein Hauch von Extravaganz liegt noch immer in der Luft.

N 52° 5′ 7.4976′′ O 5° 8′ 50.0388′′

© FRANS LEMMENS / ALAMY STOCK PHOTO

Rietveld-Schröder-Haus

1924

Gerrit Rietveld

Utrecht, Niederlande

Ganz unerwartet stößt man in einer Seitenstraße von Utrecht auf dieses kubische Haus. Rietveld errichtete es für die Bauherrin Truus Schröder-Schräder und ihre Kinder. Die Innenwände sollten verschiebbar sein, sodass sich die Räume jederzeit verändern ließen. Die innovative Idee wurde in der Ausführung jedoch ziemlich kompliziert, und dann kam auch noch eine Affäre zwischen Bauherrin und Architekt dazu. Dennoch: Das Ergebnis ist ein prägnantes Beispiel für die Kunstbewegung De Stijl.

© VLADIMIR ALEXEEV / ALAMY STOCK PHOTO

Felsenkirchen von Iwanowo

13.–14. Jahrhundert

Architekt unbekannt

Iwanowo, Bulgarien

Felsenkirchen zeugen immer von eindrücklichen menschlichen Leistungen – die von Iwanowo machen da keine Ausnahme. Man erreicht die in den Kalkstein gehauenen Kirchen zu Fuß von der verschlafenen Ortschaft Iwanowo aus. Im kühlen Inneren sind gut erhaltene mittelalterliche Fresken und Wandmalereien zu sehen. Die zentrale Felsenkirche der Jungfrau Maria beherbergt die bedeutendsten Fresken.

Im Anschluss lohnt sich eine Wanderung durch den Naturpark Rusenski Lom, in dem sich die Felsenkirchen befinden.

N 26° 55′ 28.8336′′ O 75° 49′ 28.416′′

© KENNETH DEDEU / SHUTTERSTOCK

Jantar-Mantar-Observatorium

1727–1733

Jai Singh II.

Jaipur, Rajasthan, Indien

Die meisten Bauten lassen sich irgendwie einordnen: Wohnhaus, Bürogebäude, Brücke, Kirche … Bei diesem Observatorium ist das nicht so leicht. Die 14 Bauwerke dienen der Vorhersage kosmologischer Ereignisse, der Beobachtung der Planetenbahnen oder der genauen Messung der Zeit. Maharadscha Jai Singh II. ließ fünf solcher Anlagen in Nordindien errichten, aber Jantar Mantar in Jaipur ist die bedeutendste. Hier steht auch die größte Sonnenuhr der Welt (Samrat Jantar), die die Zeit auf 2 Sekunden genau anzeigen kann.

© TANJALA GICA / SHUTTERSTOCK

Friedens-denkmal Hiroshima

1915

Jan Letzel

Hiroshima, Japan

Nur wenige moderne Ruinen sind so ergreifend wie die „Atombombenkuppel“. Das leere, skelettartige Gebäude in der japanischen Stadt Hiroshima ist der Mittelpunkt des heutigen Friedensparks. Es wurde 1915 vom tschechischen Architekten Jan Letzel als Ausstellungszentrum erbaut und blieb nach der Katastrophe, die am 6. August 1945 70 000 Menschen innerhalb von Sekunden das Leben raubte, als einziges Gebäude stehen. Schließlich wurde es zum Denkmal erklärt – als traurige, mahnende Erinnerung an das schreckliche Ereignis.

© JAN-OTTO / GETTY IMAGES

Eiffelturm

1887–1889

Gustave Eiffel

Paris, Frankreich

Kaum ein anderes Monument weltweit ist so bekannt wie der Eiffelturm. Und trotzdem staunt man noch immer, wenn man davorsteht. Die 324 Meter hohe *Dame de Fer* wurde als Denkmal für die Französische Revolution anlässlich der Pariser Weltausstellung 1889 errichtet und war bis 1930 das höchste Gebäude der Welt.

Um die langen Schlangen am Eingang kommt man nicht herum – immerhin zieht der Turm sieben Millionen Besucher pro Jahr an. Aber das tut seiner beeindruckenden Größe keinen Abbruch. Bei Feierlichkeiten wird er kunstvoll illuminiert und erstrahlt wie ein gewaltiges Leuchtfeuer für die Welt.

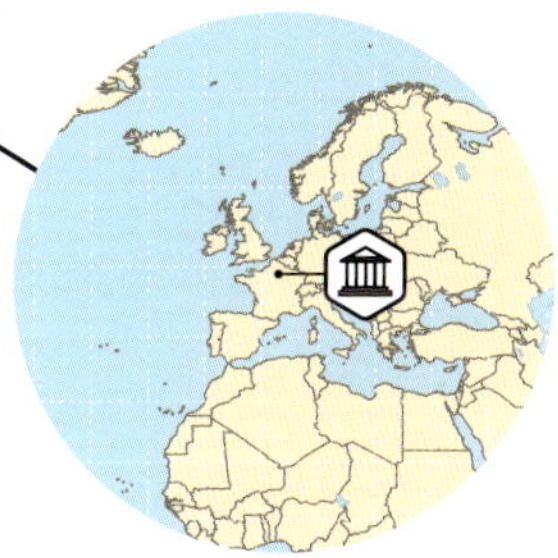

Bajterek-Turm

1996–2002

Akmurza Rustembekov

Astana, Kasachstan

Er sieht aus wie ein überdimensionaler Weltmeisterschafts-Pokal, und tatsächlich gibt es einen lokalen Fußballklub mit demselben Namen. Doch die Symbolik des 105 Meter hohen Aussichtsturms zielt nicht auf Fußball, sondern auf die kasachische Sage vom magischen Vogel Samruk, der ein Ei in den Lebensbaum gelegt haben soll.

Die Aussichtsplattform des Wahrzeichens von Astana liegt in der goldenen Kugel in 97 Metern Höhe, die Zahl steht für den Aufstieg zur Hauptstadt Kasachstans im Jahr 1997. Dort oben kann man seine Hand in den vergoldeten Handabdruck des Präsidenten Nazarbajew legen und sich etwas wünschen.

© VASCA / SHUTTERSTOCK

© COURTESY OF SCDA ARCHITECTS

Sky Terrace

2015

SCDA Architects

Singapur

Begrenzter Platz, wachsende Bevölkerung – um dieses Problem in den Griff zu bekommen, wurden in Singapur diese Wolkenkratzer gebaut. Die Wohnungen sind natürlich belüftet, Energie wird aus Solarstrom gewonnen, und das Regenwasser wird gesammelt, um es zu nutzen. Begrünte Brücken führen von einem Gebäude zum anderen. Auf Dachgärten und Spielplätzen können sich die Bewohner treffen, und selbst die Wohnungen können miteinander verbunden werden. Die Architekten wollten ein „vertikales Dorf für mehrere Generationen" schaffen, das Energie spart und Menschen zusammenbringt. Zukunftsträchtig? Hoffentlich!

N 47° 55′ 59.0016′′ W 0° 53′ 48.7752′′

Museum Robert Tatin

1962–1983

Robert Tatin

La Frénouse, Cossé-le-Vivien, Frankreich

Dieses außergewöhnliche Museum zeugt vor allem von einem: von wahrer Leidenschaft. Der Künstler und Architekt Robert Tatin kaufte das Gebäude 1962 für seine Sammlung jungsteinzeitlicher Kunst, die er nach und nach um eigene riesige Skulpturen ergänzte. Das Ergebnis ist eine Mischung aus gallischer Vergangenheit, Weltreligionen, Legenden und Geschichte: Drachen und Götter, aber auch Jeanne d'Arc und Pablo Picasso. Der Schöpfer der fantastischen Welt ruht übrigens nahe des Eingangs zu seinem Lebenswerk.

© CHRIS HELLIER / ALAMY STOCK PHOTO

© PETE SEAWARD / LONELY PLANET

Sydney Opera House

1959–1973

Jørn Utzon (später Peter Hall)

Sydney, Australien

Die Schalen des Opernhauses sind das Tor zu Australien, dessen Wahrzeichen und eines der häufigsten Fotomotive der Welt.

Der Bau forderte jedoch allen Beteiligten einiges ab. Die Kosten liefen aus dem Ruder, technische Probleme führten zu Verzögerungen, und schließlich kündigte 1966 der dänische Architekt Utzon. Erst 1973 konnte das Opernhaus eröffnet werden und thront seither in herausragender Lage am Bennelong Point: ein australisches Nationalsymbol, das jährlich von acht Millionen Menschen besucht wird.

© OLEG ZNAMENSKIY / SHUTTERSTOCK

Turmhäuser von Sanaa

8.–13. Jahrhundert

Architekt unbekannt

Sanaa, Jemen

Die ältesten Wolkenkratzer der Welt stehen nicht in New York oder Chicago, sondern in Sanaa. Es sind prachtvolle Turmhäuser aus Lehm und Erdziegeln mit fein gemusterten Friesen, orientalischen Verzierungen und Buntglasfenstern. Die ersten der bis zu acht Stockwerken hohen Türme gehen auf das frühe Ād-Volk zurück und waren wohl eine Art Nachbarschaftswettbewerb. Mit den größer werdenden Familien wuchsen auch die Häuser.

Bei den jüngsten Konflikten wurden die Turmhäuser leider beschädigt, und von einem Besuch ist derzeit abzuraten.

N 47° 7′ 29.8704″ O 16° 2′ 51.4572″

© IMAGEBROKER / ALAMY STOCK PHOTO

Rogner Bad Blumau

1997

Friedensreich Hundertwasser

Steiermark, Österreich

Bunte Kuppeln, bauchige Säulen, goldene Wandmosaike und eine organische Silhouette – das skurrile Hotel und Thermalbad trägt mit diesem unverkennbaren Mix aus Hippie und Klimt eindeutig die Handschrift des Künstlers, Architekten und Ökophilosophen Friedensreich Hundertwasser. Die kreuz und quer laufenden Korridore und die krummen Böden im Inneren entsprechen seiner Auffassung, dass die Natur keine geraden Oberflächen kennt. Das Ergebnis ist ein angenehm willkommener Orientierungsverlust.

N 22° 11′ 27.6432′′ O 113° 32′ 37.4712′′

Grand Lisboa

2008

Dennis Lau und
Ng Chun Man
Sé, Macau, China

Gäbe es einen Preis für exzessive Kasinoarchitektur, könnte dieser Macauer Klotz Las Vegas den Rang ablaufen. Er sieht aus wie eine Lotosblume auf einem Ball – oder vielleicht wie ein brasilianischer Federschmuck. Auf jeden Fall ist das größte Gebäude Macaus außergewöhnlich und sollte die „einzigartige Lebensenergie Macaus verkörpern". Manchmal wird es als „postmodern" bezeichnet, als müsste man es einem seriösen Baustil zuordnen. Sein Hang zur Extravaganz und zum Überfluss gipfelt in der 30 000 Quadratmeter großen Spielhalle.

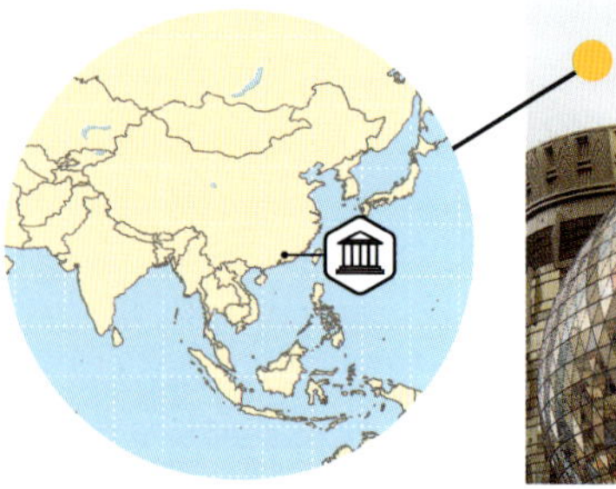

© TOMMY ALVEN / SHUTTERSTOCK

N 35° 39′ 56.1744′′ O 139° 45′ 49.3632′′

© GORAN BOGICEVIC / SHUTTERSTOCK

Nakagin Capsule Tower

1972

Kisho Kurokawa
Ginza, Tokio, Japan

In den 1970ern glaubte der Architekt, eine Lösung für die Stadt der Zukunft gefunden zu haben. Die 140 kleinen Schlafzellen konnten einzeln ausgetauscht und zu größeren Einheiten zusammengefügt werden. Gedacht waren sie für die unzähligen Angestellten, die unter der Woche in Tokio übernachten mussten. Doch das Konzept hat sich nicht durchgesetzt. Heute werden nur noch etwa 30 Schlafzellen benutzt, das Wasser wurde abgedreht, und man spricht von Abriss. Vielleicht schafft es die Kampagne „Save Nakagin Tower" ja, dieses seltsame Kulturdenkmal zu erhalten.

Ryugyŏng-Hotel

ab 1987

Baikdoosan Architects
Pjöngjang, Nordkorea

Die 330 Meter hohe Stahlpyramide ist der ganze Stolz der Kim-Dynastie. Na ja, zumindest beinahe, denn 30 Jahre nach Baubeginn ist sie noch immer nicht fertig und steht leer. Der idyllische Name („Stadt der Weiden") passt nicht so ganz zu den gigantischen Ausmaßen der Anlage: 105 Stockwerke, die unter anderem ein Hotel mit 3000 Zimmern beherbergen. Die lange Bauverzögerung – ursprünglich war die Eröffnung zum Beginn der 13. Weltfestspiele der Jugend und Studenten im Juni 1989 vorgesehen – hat dem Gebäude den Spitznamen „Hotel des Untergangs" eingebracht.

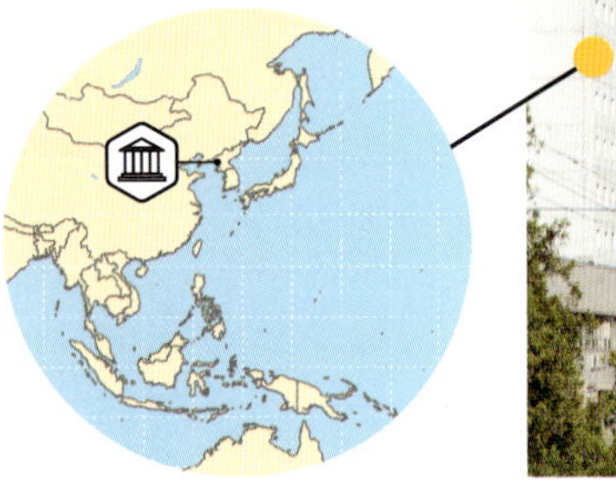

© NICK LEDGER

N 13° 43′ 13.6488′′ S 100° 31′ 38.784′′

© BOB HENRY / ALAMY STOCK PHOTO

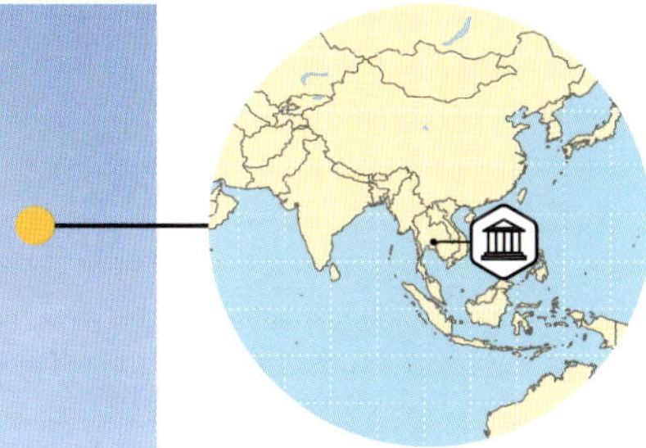

Bank of Asia Tower (Roboter-Haus)

1987

Sumet Jumsai

Bangkok, Thailand

Ein Roboter als architektonische Hülle für ein Bankhaus – im Ernst? Die zündende Idee für dieses ungewöhnliche Gebäude kam dem Architekten, als er sich den Spielzeugroboter seines Sohnes ansah. So entstand ein Hochhaus, das tatsächlich aussieht wie ein Roboter aus einem Science-Fiction-Film. Es hat zwei Antennen auf dem Dach, überdimensionierte Schraubenmuttern an der Seite und blickt durch große traurige Augen auf Bangkok.

N 11° 56′ 5.2764′′ O 108° 25′ 51.2112′′

© ZHUKOV OLEG / SHUTTERSTOCK

Hang-Nga-Haus (Crazy House)

1990

Đặng Việt Nga
Đà Lạt, Vietnam

Dieses Guesthouse scheint einem Grimm-Märchen entsprungen, in dem Kinder von einer Hexe gefangen gehalten werden. Krumm, verdreht und ohne rechte Winkel ist das Hang-Nga-Haus ein Mix aus Gaudí, Dalí, Tolkien und Disney. Die zehn Zimmer mit Tierfiguren und schrägen Fenstern sind über tunnelartige Korridore miteinander verbunden – alles mutet verzaubert und ein bisschen unheimlich an.

Das örtliche Volkskomitee war nicht besonders begeistert von dieser Hütte, aber die Touristen kommen in Scharen.

© IVAN VDOVIN / ALAMY STOCK PHOTO

Palais idéal

1912

Ferdinand Cheval

Hauterives, Frankreich

Der Palais idéal ist ein beeindruckendes Beispiel für die Art brut – naive Kunst von Autodidakten, die in kein Stilschema passt. 33 Jahre lang hat der französische Postbote Ferdinand Cheval daran gearbeitet. Auf seiner täglichen Runde sammelte er Steine, die er zu diesem erstaunlichen Bauwerk zusammensetzte. Es wurde sogar von Picasso, Max Ernst und dem Surrealisten André Breton gewürdigt und gehört heute zur Peggy Guggenheim Collection. Der Künstler-Postbote wurde 1986 mit einer Sonderbriefmarke geehrt.

Angkor Wat

12. Jahrhundert

Suryavarman II.

Siem Reap, Kambodscha

Angkor Wat ist die größte Tempelanlage der Welt – eine riesige Stadt mit Straßen und Kanälen, Tempeln und Statuen. Geschätzte 300 000 Arbeiter und 6000 Elefanten wurden benötigt, um die Sandsteinblöcke für die Bauten vom 40 Kilometer entfernten Phnom Kulen heranzuschaffen. Angkor Wat war das Zentrum der Khmer, die große Teile Südostasiens beherrschten.

Doch die gigantische Anlage ist nicht nur ein gelungenes Beispiel für Stadtplanung, sondern auch ein religiöser Ort, der den heiligen Weltenberg Meru repräsentiert, den Sitz der Hindugötter.

© TUULIJUMALA / SHUTTERSTOCK

N 51° 7′ 22.7244′′ O 71° 26′ 30.336′′

© ARCAID IMAGES / ALAMY STOCK PHOTO

Zentrale Konzerthalle

2009

Manfredi Nicoletti

Astana, Kasachstan

Noch ein blumenförmiges Gebäude – in diesem Fall könnte man es allerdings auch als fleischfressende Pflanze interpretieren. Der Bau mit seinen türkisfarbenen Glasscheiben ist ein weiteres Wahrzeichen der aufstrebenden zentralasiatischen Republik Kasachstan und symbolisiert das Vorhaben des Präsidenten, Kultur in die Steppe zu bringen. Im Inneren befinden sich ein riesiger Konzertsaal sowie ein überdachter öffentlicher Platz mit Restaurants, Shops und Bars.

© SERGEY LYASHENKO / SHUTTERSTOCK

National-bibliothek

2006

Wiktor Kramarenko, Michail Winogradow
Minsk, Weißrussland

Diese Bibliothek, der Stolz Weißrusslands, ist weit mehr als nur eine Bücherei, eher ein nationales Monument, dessen Bedeutung auch in seiner Diamantform Ausdruck findet (genau genommen ist es ein Rhombenkuboktaeder). Bereits von außen wird die Nutzung des Gebäudes symbolisch angedeutet: Der Eingang stellt ein offenes Buch dar, und daneben steht die Statue des ersten weißrussischen Buchdruckers Francysk Skaryna. Im Innern erwarten den Besucher Leseräume, ein Buchmuseum und ein Aussichtspunkt.

© ALASTAIR WALLACE / SHUTTERSTOCK

Kathedrale von Lincoln

ab 1073

Bischof Remigius, Hugo von Avalon
Lincoln, Großbritannien

Sie ist nur die drittgrößte Kathedrale Englands, aber für viele ist sie die schönste – zum Beispiel für den britischen Schriftsteller und Maler John Ruskin, der sie für das „kostbarste Stück Architektur auf den britischen Inseln" hielt. Vielleicht liegt es an den drei Türmen, die das weite Land überblicken, oder an der Lage auf dem malerischen Steep Hill oder womöglich an der reichen Sammlung mittelalterlicher Kunst, die unter anderem eine von vier Kopien der Magna Carta beinhaltet.

Taj Mahal

1632–1653

Shah Jahan und Ustad Ahmad Lahauri

Agra, Indien

Der Taj Mahal ist die Mona Lisa unter den architektonischen Kunstwerken. Die Idylle, die Symmetrie, der edle Marmor machen ihn zum schönsten Grabmal der Welt. Der Großmogul Shah Jahan ließ es in Erinnerung an seine geliebte Ehefrau Mumtaz Mahal errichten, die 1631 verstarb. 22 000 Bauarbeiter und Kunsthandwerker bauten 20 Jahre lang daran, 1000 Elefanten waren im Einsatz. Kurz nach der Fertigstellung wurde Shah Jahan entmachtet, und heute ruht er selbst im Taj Mahal.

1992 verlieh Lady Diana dem Gebäude neuen Glanz, als sie es als Hintergrund für einen Fototermin nutzte.

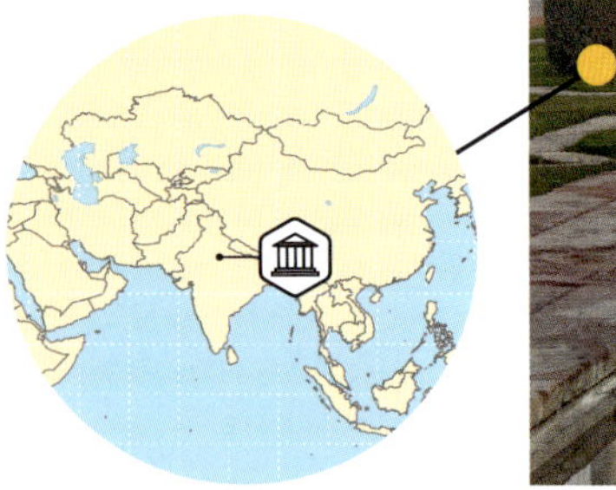

© DAVID HENDERSON / GETTY IMAGES

© AGE FOTOSTOCK / ALAMY STOCK PHOTO

Hôtel Tassel

1892–1894

Victor Horta

Brüssel, Belgien

Man muss Brüssels verborgenen Charme erst ein bisschen entdecken. Dabei ist die Stadt ein Zentrum des Jugendstils und Victor Horta einer seiner wichtigsten Vertreter. Für den Wissenschaftler Emile Tassel hat er dieses Wohnhaus entworfen – und gleich die ganze Inneneinrichtung dazu, vom Buntglas über die Türgriffe und die Mosaikböden bis zu den Holzarbeiten. Das Hôtel Tassel gilt als erstes Beispiel der Art Nouveau in Brüssel, auch wenn der blumige und schnörkelige Stil, der im beginnenden 20. Jahrhundert Europa eroberte, hier noch in den Kinderschuhen steckt.

Große Moschee von Djenné

ab dem 13. Jahrhundert

Sultan Koi Kunboro

Djenné, Mali

Lehm, Lehm und nochmals Lehm: Die Große Moschee von Djenné ist vollständig aus diesem Baustoff gemacht und sie ist sowohl das stimmungsvollste als auch das größte Lehmgebäude der Welt. Die erste Moschee entstand im 13. Jahrhundert, aber es wird noch immer an ihr gebaut – und so wird es auch ewig weitergehen. Jedes Jahr im Mai, wenn die Regenzeit vorbei ist, kommt die ganze Stadt zur *fête de crepissage* zusammen und trägt den vom Monsun weggespülten Lehm neu auf.

© PETER LANGER / GETTY IMAGES

© VIEW PICTURES LTD / ALAMY STOCK PHOTO

Balancing Barn

2010
MVRDV
Suffolk, Großbritannien

Ferienwohnungen sehen für gewöhnlich anders aus. Doch in dieser 30 Meter langen „balancierenden Scheune“ kann man tatsächlich Urlaub machen. Sie ragt 15 Meter ins Freie, was etwas gefährlich aussieht. Man muss sich aber keine Sorgen machen, alles ist topstabil. Am Ende hängt sogar eine kleine Schaukel über dem abfallenden Grashügel, die den Eindruck, in einer riesigen Wippe zu übernachten, noch verstärkt. Die silberne Fassade bildet einen gelungenen Kontrast zur grünen englischen Landschaft drumherum.

© TOP PHOTO CORPORATION / ALAMY STOCK PHOTO, © NANCHANG WANDA MALL, STUFISH ENTERTAINMENT ARCHITECTS

Nanchang Wanda Mall

2016

Wanda

Nanchang, China

Diese Shoppingmall im chinesischen Nanchang, die Teil eines Themenparks ist, sieht aus wie ein Teeservice für Riesen. Die Gebäude erinnern in Form und Farbe an das blau-weiße Porzellan der Qing-Dynastie, das in der Nähe von Nanchang hergestellt wurde. Die fantastischen Tier-, Pflanzen- und Landschaftsbilder an der Fassade sollen Glück bringen. In den „Fantasietassen" findet man ein überwältigendes Sortiment an Läden, Attraktionen und Hotels.

© IAIN MASTERTON / ALAMY STOCK PHOTO

Parlaments-palast

1984

Anca Petrescu

Bukarest, Rumänien

Das sogenannte „Haus des Volkes“ muss schon allein wegen seiner Ausmaße in dieses Buch: Es ist das flächenmäßig zweitgrößte Einzelgebäude der Welt nach dem Pentagon. Der einstige rumänische Diktator Nicolae Ceauşescu ließ die Anlage, die über mehr als 3000 Zimmer verfügt, errichten. Der *Conducător* stellte auch sicher, dass die Zufahrtsstraße, der Boulevard des Sieges des Sozialismus (heute Boulevard der Einheit), breiter war als die Pariser Champs-Élysées. Ein Meisterwerk des Größenwahns.

N 55° 36′ 47.9088′′ O 12° 58′ 35.8716′′

Turning Torso

2005

Santiago Calatrava
Malmö, Schweden

Wie ein sich windender menschlicher Torso steht dieser Turm im westlichen Hafenbezirk von Malmö, unweit der Öresundbrücke, die Schweden und Dänemark miteinander verbindet. Er ist ein typisches Beispiel für den Trend, alten Hafenanlagen neues Leben einzuhauchen. Leider musste vor dem Bau der in Malmö beliebte Kockumskran abgebaut werden, was vielen Stadtbewohnern sauer aufstieß.

Doch heute überragt der weltweit erste verdrehte Wolkenkratzer – eine Spielerei des spanischen Architekten Calatrava – mit 190 Metern Höhe keck die Häuser von Malmö.

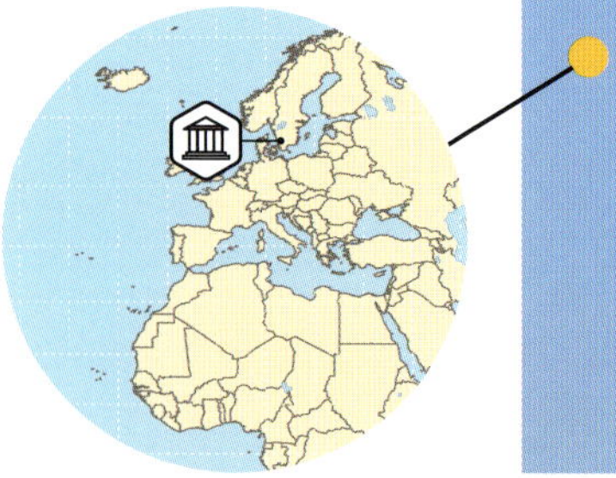

© WHITELOOK / SHUTTERSTOCK

© LOOK DIE BILDAGENTUR DER FOTOGRAFEN GMBH / ALAMY STOCK PHOTO

Monte-Rosa-Hütte

2009

Andrea Deplazes, ETH Zürich

Zermatt, Schweiz

Die Lage auf 2883 Metern ist einfach unschlagbar. Die minimalistische Monte-Rosa-Hütte, die in ihrem Aluminiumgewand wie ein dunkler Bergkristall anmutet, fügt sich perfekt in die faszinierende Berglandschaft ein. Sie wird vom Schweizer Alpen-Club betrieben und bietet einen Ausblick auf die höchsten Alpengipfel der Schweiz, darunter das Matterhorn. Wanderer und Bergsteiger müssen einigermaßen fit sein, um hierherzukommen, aber oben warten 120 Betten und eine der grandiosesten Aussichtsplattformen der Welt.

© XXXXX

Schloss Bran

1377–1382

Ludwig I. und andere Transsilvanien, Rumänien

1897 schuf der irische Schriftsteller Bram Stoker die Romanfigur Graf Dracula, die zum bekanntesten Vampir der Literatur wurde. Stoker soll Rumänien zwar nie besucht haben, aber man geht davon aus, dass er sich von Beschreibungen dieses Schlosses inspirieren ließ. Und die rumänische Tourismusbehörde tut auch alles, um die Legende vom Draculaschloss am Leben zu erhalten. Die Burg wirkt wie ein gruseliges Raubvogelnest, aus dem es kein Entkommen gibt. Zumindest sollte man nicht ohne Knoblauch und Holzpflock anreisen.

© FP COLLECTION / ALAMY STOCK PHOTO

Sculpture habitacle n°2

1964

André Bloc
Meudon, Frankreich

Es gibt eine Reihe von Häusern, die nicht von Architekten, sondern von Künstlern entworfen wurden – so auch diese „Wohnskulptur". Sie ist dem französischen Universalgelehrten (Künstler, Architekt, Ingenieur, Journalist) André Bloc zu verdanken. Er entwarf sie im Alter von 68 Jahren, als er die Architektur praktisch schon aufgegeben hatte und sich eigentlich auf seine Skulpturen konzentrieren wollte. Aber er hatte eine Mission: Er wollte der Welt zeigen, dass „die Arbeit von Stadtplanern und Architekten ein zur Verzweiflung treibendes Ausmaß an Banalität" angenommen hatte.

© OSTILL / SHUTTERSTOCK

Casa Terracota

2012

Octavio Mendoza Morales

Villa de Leyva, Kolumbien

Dieser riesige Lehmklumpen ist das Lebenswerk des Architekten und Naturschützers Mendoza, der beweisen wollte, dass es möglich ist, „Erde in bewohnbare Architektur zu verwandeln“. Er baute das Haus in einem kolumbianischen Bergdorf von Hand und ließ den Ton einfach in der Sonne trocknen. Viele Teile sind aus recyceltem Schrott. Auch im zweistöckigen Inneren bleibt er seinem Stil treu: Sogar Tische und Kochutensilien sind aus Ton. Es verwundert deshalb nicht, dass die Dorfbewohner das Haus auch „Casa de Flintstone“ nennen.

© DEDO LUKA / SHUTTERSTOCK

Nationalbibliothek Kosovo

1982

Andrija Mutnjaković
Pristina, Kosovo

Stolz steht die Bibliothek von Pristina in einer der jüngsten Hauptstädte der Welt. Dabei waren die aufeinandergestapelten Quader und 99 weißen Kuppeln durchaus umstritten; sogar mit einem Gefängnis wurde das Gebäude verglichen. An Theorien über seine Symbolik mangelt es nicht. Eine besagt, die Kuppeln würden die traditionelle albanische Kopfbedeckung *(plisi)* darstellen. Mutnjaković selbst wollte mit seinem Bau byzantinische und islamische Architekturtraditionen miteinander verschmelzen – eine versöhnliche Geste in diesem so zerrissenen Land.

© IMAGEBROKER / ALAMY STOCK PHOTO

Solarschmelzofen Odeillo

1970

Felix Trombe

Font-Romeu-Odeillo-Via, Frankreich

Es sieht aus wie ein überdimensionales Heizgerät, ist aber der größte Solarschmelzofen der Welt. Mit knapp 10 000 Spiegeln, die die Sonnenstrahlen einfangen und an einem einzigen Punkt bündeln, wird er etwa 3500 Grad heiß. Forscher und Agenturen wie die NASA testen in dem Schmelzofen des französischen Chemikers Trombe die Auswirkungen extremer Hitze auf verschiedene Materialien und erforschen die Sonnenenergie. Wie man diese nutzen kann, erfährt der Besucher in einem angeschlossenen Informationszentrum.

© CHROMORANGE / MONIKA WIRTH / ALAMY STOCK PHOTO

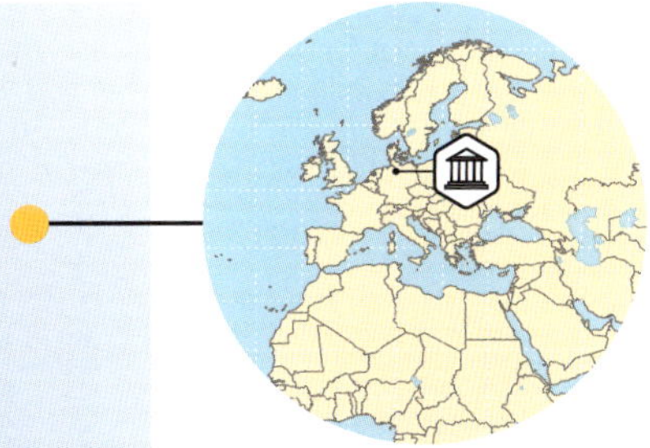

Nord/LB-Verwaltungsgebäude

2002

Behnisch, Behnisch & Partner

Hannover, Deutschland

Dieses Gebäude sieht aus, als hätte eine Kind mit Bauklötzen gespielt – für ein Bankhaus unerwartet erfrischend. Mit seinen aufeinandergesetzten Glaskästen, die von Säulen gestützt werden, ist es ein echter Blickfang. Die Kantine hat ein Schmetterlingsdach, und der Turm spiegelt das Licht je nach Stand der Sonne in unterschiedlichen Farben. Außerdem ist das Gebäude sehr energieeffizient und wird natürlich belüftet und belichtet.

N 54° 26′ 39.0804′′ O 18° 34′ 1.8012′′

© KONSTANTIN TRONIN / SHUTTERSTOCK

Krummes Häuschen

2004

Szotyński und Zaleski
Sopot, Polen

Das Krumme Häuschen steht in einer ganz normalen Einkaufsstraße einer polnischen Küstenstadt und liefert den Beweis dafür, dass auch das Alltägliche fabelhaft sein kann. Innen befindet sich ein Einkaufszentrum mit Restaurants und Geschäften. Die Architekten ließen sich von dem polnischen Kinderbuchillustrator Jan Marcin Szancer inspirieren: Sie verzerrten die Linien dieses Hauses derart, dass es wirkt wie aus einem Märchen. Die Sopot-Besucher lieben es – und das, obwohl manchem beim Betreten etwas schwindlig wird.

© IMAGEBROKER / ALAMY STOCK PHOTO

Teatre-Museu Dalí

1974

Salvador Dalí und andere

Figueres, Spanien

Natürlich kennt jeder Salvador Dalí, den schnauzbärtigen Erschaffer schmelzender Uhren. Dieses Gebäude ist sein surrealistisches Museum und zugleich sein Grabmal. Von außen sieht es aus wie ein rotes Schloss, das mit Eiern und Schachfiguren dekoriert ist und von einer riesigen Glaskuppel überdacht wird. Dalí selbst bezeichnete es als ein hervorragendes Beispiel für die „neue, unerwartete und sinnestäuschende Welt des Surrealismus". Wer noch mehr über den Künstler erfahren will, besucht Dalís Haus im 30 Minuten entfernten Port Lligat.

N 44° 26′ 43.2564′′ O 34° 8′ 2.3172′′

Sanatorium Druschba

1984

Igor Wasilewski
Jalta, Ukraine

In diesem Gebäude könnte auch ein Schurke aus einem James-Bond-Film sein Unwesen treiben. Die Amerikaner sollen es während des Kalten Kriegs sogar für eine Raketenbasis gehalten haben. Das auf riesigen Stützen am Hang stehende Erholungsheim Druschba („Freundschaft“) sieht aus wie ein soeben gelandetes UFO und ist ein echtes Juwel der späten Sowjetarchitektur. Von jedem Zimmer genießt man eine herrliche Aussicht auf das Schwarze Meer – dem gezackten Äußeren sei Dank.

© ANDREY NEKRASOV / ALAMY STOCK PHOTO

© MARGARET METCALFE / ALAMY STOCK PHOTO

Calakmul-Gebäude

1997

Agustín Hernández Navarro

Mexiko-Stadt, Mexiko

Es ist leicht zu erkennen, warum die Einheimischen dieses Gebäude „La Lavadora" (die Waschmaschine) getauft haben. Der Architekt wollte mit dem Namen aber einen Bezug zu Mexikos Maya-Vergangenheit herstellen – Calakmul war eine große Maya-Stadt. Entstanden ist ein Zusammenspiel verschiedener geometrischer Formen: Eine Pyramide steht neben einem kubischen Hauptgebäude, und in dessen verspiegelten Fenstern ensteht der verblüffende Effekt, als ob eine Kugel in einem Würfel eingeschlossen sei.

N 34° 3′ 28.404′′ W 118° 14′ 41.6724′′

© INCITE PHOTOGRAPHY / ALAMY STOCK PHOTO

Kathedrale Our Lady of the Angels

2002

Rafael Moneo
Los Angeles, USA

Der von dem spanischen Stararchitekten Rafael Moneo entworfene Sakralbau gilt als die weltweit einzige Kathedrale im postmodernen Stil. Trotz der spitzwinkligen Architektur, der Fassade aus sandfarbenem Sichtbeton und des wenig besinnlichen Standorts direkt neben einer Autobahn bleibt sie eine klassische katholische Bischofskirche. Zu einer solchen gehören auch Reliquien, in diesem Fall die der heiligen Bibiana aus dem 3. Jahrhundert. Aber auch eine Ikone des 20. Jahrhunderts ruht hier: der Schauspieler Gregory Peck.

N 42° 39′ 1.3464′′ W 73° 45′ 29.2824′′

© DEBRA MILLET / SHUTTERSTOCK

The Egg

1966–1978

Harrison & Abramovitz
Albany, New York, USA

The Egg ist ein frühes Beispiel dafür, dass aufsehenerregende Kulturzentren das Potenzial besitzen, zum Wahrzeichen einer Stadt zu werden. Das Ei wurde vom damaligen Gouverneur Nelson Rockefeller „gelegt" und gehört zum Regierungskomplex Empire State Plaza. Das ovale Gebäude steht leicht gekippt auf einem Sockel. Im sechsstöckigen Inneren befinden sich zwei Theater. Der Betonklotz ist bei den New Yorkern äußerst beliebt. Die Band They Might Be Giants hat ihm 2004 sogar einen Song gewidmet.

Kulturpalast Warschau

1952–1955

Lew Rudnew

Warschau, Polen

Der markante Wolkenkratzer ist das höchste Gebäude Polens. Offiziell war der Kulturpalast ein Geschenk von Stalin. Viele Polen verstanden ihn aber auch als sowjetische Machtdemonstration, weshalb er nicht bei allen beliebt war. Dennoch ist das im Stil des sowjetischen Klassizismus (oder Zuckerbäckerstil) errichtete Gebäude zu einem Wahrzeichen der Hauptstadt geworden. Es beherbergt Kino-, Theater- und Kongresssäle sowie Museen, und von der Aussichtsterrasse in 114 Metern Höhe sieht man den schönsten Sonnenuntergang in ganz Warschau.

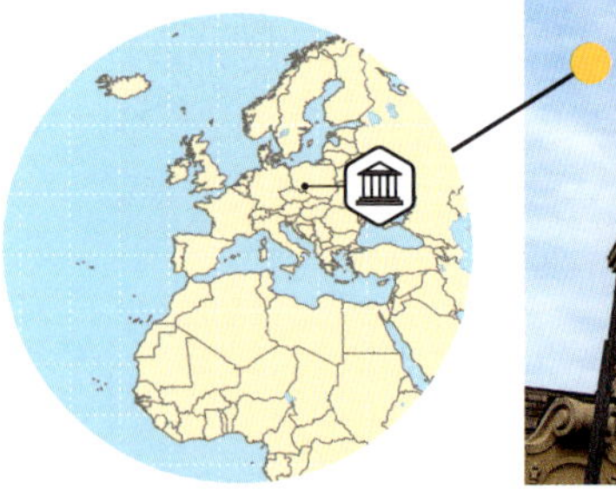

© MITZO_BS/FOTOLIA

© DP PHOTOGRAPHY / SHUTTERSTOCK

Chapel of the Holy Cross

1956

Richard Hein und August K. Strotz

Sedona, Arizona, USA

Die Kapelle, die sich aus den roten Bergkuppen Arizonas erhebt, geht auf eine Idee der einheimischen Bäuerin und Bildhauerin Marguerite Brunswig Staude, eine Schülerin von Frank Lloyd Wright, zurück. Sie sagt, sie sei vom Empire State Building inspiriert worden. Imposant ragt das Gebäude 76 Meter von einem 305 Meter hohen Felsen in die Höhe. Von vorn sieht es aus, als ob ein riesiges Kreuz zwischen zwei Felsblöcke gerammt worden sei. Innen ist die Kapelle schlicht gehalten, aber der Ausblick ist umwerfend.

Rumah Miring (schräges Haus)

2015

Budi Pradono
Jakarta, Indonesien

Wer behauptet eigentlich, ein Gebäude müsse gerade stehen? Die Konstruktion dieses Wohnhauses in einem noblen Vorort von Jakarta ist simpel: ein schräger Stahlrahmen umfasst drei lichtdurchflutete Stockwerke. Eine Komposition aus spielerischen Elementen und luxuriösem Hightech, die sehr harmonisch wirkt. Die Besitzerin, die Galeristin Christiana Gouw, nannte das Haus ein „Fest der individuellen Freiheit". Der Architekt bezeichnete es als „Anti-Establishment" – ein Seitenhieb auf die vornehmen Villen der Nachbarschaft.

© COURTESY OF BUDI PRADONO ARCHITECT

N 34° 45′ 24.6744′′ O 36° 17′ 42.1656′′

© OPIS ZAGREB / SHUTTERSTOCK

Krak des Chevaliers

1142–1271

Architekt unbekannt

Bei Homs, Syrien

Diese riesige Kreuzritterburg ist ein Meisterwerk des Festungsbaus. Sie ist umgeben von dicken Ringmauern, einigermaßen geschützt gegen Erdbeben und hat sogar ein eigenes Wasserreservoir. Der britische Offizier und Schriftsteller T. E. Lawrence (besser bekannt als Lawrence von Arabien) bezeichnete die Festung als die „wohl am besten erhaltene und in ihrer Gesamtheit erstaunlichste Burg der Welt".

Der syrische Bürgerkrieg macht einen Besuch derzeit unmöglich, und leider hat die Burg mittlerweile auch einigen Schaden genommen.

Stabkirche Borgund

ca. 1250

Architekt unbekannt

Borgund, Norwegen

Diese Kirche sieht aus wie das eleganteste Hexenhaus der Welt. Tatsächlich ist sie die schönste unter den großartigen norwegischen Stabkirchen, jede einzelne ein Meisterwerk mittelalterlicher Holzbaukunst.

Die Stabkirchen von Norwegen entstanden zwischen 1150 und 1350. Ihre Baumeister verstanden es, heidnische und christliche Elemente miteinander zu verschmelzen. Mit ihren Holzbalken, den schwarzen Schindeldächern und den fliegenden Drachen – und dank der herrlichen Lage an den Fjorden – sind sie ein Fotomotiv wie aus dem Bilderbuch.

© BRIAN GIBBS / ALAMY STOCK PHOTO

Severischer Triumphbogen

193–211

Septimius Severus

Leptis Magna, Libyen

Zu Beginn des ersten Jahrtausends verwandelte ein einheimischer junger Mann, Kaiser Septimius Severus, das libysche Leptis Magna in eine der schönsten Städte am Mittelmeer, wenn nicht gar im ganzen Römischen Reich. Sie verfügte über ein riesiges Forum, einen betriebsamen Hafen sowie diesen „Tetra-pylon" – einen vierseitigen Torbogen, der die Kreuzung zweier wichtiger Straßen markierte. Heute ist Leptis Magna eine Ruinenstadt in der Nähe von al-Chums, etwa 120 Kilometer östlich von Tripolis. Von Reisen in das konfliktreiche Land wird zurzeit abgeraten.

© ALEKSANDRA H. KOSSOWSKA / SHUTTERSTOCK

Wall House II

1973–2001

John Hejduk
Groningen, Niederlande

Dieses Gebäude in der niederländischen Universitätsstadt Groningen ist eine pastellfarbene Schönheit. Form und Farbe spielen wunderbar zusammen: Bunte geschwungene Elemente lehnen sich an eine große Betonwand an, und das Ganze sieht aus wie ein dreidimensionales kubistisches Gemälde.

Ursprünglich sollte Hejduk 1973 ein Haus in den USA bauen. Doch die Pläne wurden auf Eis gelegt, bis sie ein enthusiastischer Niederländer wieder aufgriff. Das Wall House II befindet sich zwar in Privatbesitz, ein Bereich steht Besuchern aber offen.

© MARIA DOUWMA / ALAMY STOCK PHOTO

© ZOONAR GMBH / ALAMY STOCK PHOTO

Casa do Penedo

1974

Architekt unbekannt

Fafe, Portugal

Dieses Wohnhaus ist so perfekt zwischen vier riesige Felsblöcke hineingebaut, dass es nahezu vollständig mit der herrlichen Hügellandschaft Nordportugals verschmilzt. Es ist so kurios und entzückend, dass es Touristen in Scharen anlockt. Dem letzten Besitzer wurde der Rummel zu groß, deshalb zog er weg. Die Tatsache, dass Türen und Fenster schusssicher sind, legt aber nahe, dass es vielleicht auch noch andere Gründe für den Auszug gab. Im Inneren befindet sich heute ein kleines Museum zur Geschichte des Hauses.

© RENATA SEDMAKOVA / SHUTTERSTOCK

Alhambra

1238

Architekt unbekannt

Granada, Spanien

Die Alhambra war ursprünglich eine Festung während der maurischen Besatzung Granadas. Nachdem Karl V. sie zurückerobert hatte, nahm er grundlegende Änderungen vor und ließ einen prächtigen Renaissancepalast bauen, der seither das Bild der Alhambra bestimmt. Die Anlage als Ganzes, die heute zum Unesco-Weltkulturerbe gehört und zwei Museen beherbergt, ist auch heute noch höchst beeindruckend, oder wie der Schriftsteller Washington Irving es ausdrückte: „Wie unwürdig ist mein Geschreibsel über diesen Ort."

N 32° 39′ 16.2648″ O 51° 40′ 39.7956″

© RAVI TAHILRAMANI / GETTY IMAGES

Masdsched-e Emām

1611–1638

Scheich Bahai

Isfahan, Iran

Die Masdsched-e Emām (Imam-Moschee) symbolisiert wie kein anderes Gebäude die Blütezeit der alten Hauptstadt Isfahan. Sie dominiert den riesigen Imam-Platz im Herzen der Stadt und gilt als die schönste Moschee des Landes, und das aus gutem Grund: Die Fassade ist über und über geschmückt mit kalligrafischen Inschriften und bunten Fliesen, die in sieben Farben schillern. Vier zweigeschossige Arkaden umfassen den Innenhof, und im Innern der Moschee kann man unter der himmelblauen Zwiebelkuppel ein siebenfaches Echo hören.

N 41° 53′ 24.7848″ O 12° 29′ 33.2268″

© BELENOS / SHUTTERSTOCK

Kolosseum

70–80 v. Chr.

Vespasian, Titus

Rom, Italien

Wer denkt beim Kolosseum nicht unweigerlich an Brot und Spiele oder an Gladiatorenkämpfe? Kaum ein Besucher kann das Amphitheatrum Flavium (wie es auch heißt) betreten, ohne dass ihm das Klirren von Schwertern und das blutrünstige Gebrüll in den Ohren hallt.

Während man durch die Sitzreihen geht, muss man sich vor Augen halten, dass hier 80 000 Zuschauer Platz fanden, die bis zum Beginn des Mittelalters Exekutionen, Tierjagden und Nachstellungen berühmter Schlachten bejubelten.

© GALINA MIKHALISHINA / SHUTTERSTOCK

Piazza dei Miracoli

ab dem 11. Jahrhundert

Bonanno Pisano, Buscheto und andere

Pisa, Italien

Es ist furchtbar touristisch hier. Trotzdem lohnt sich der Besuch des „Platzes der Wunder“ (ein Name, der auf den Dichter Gabriele D’Annunzio zurückgeht). Zu sehen gibt es den Dom Santa Maria Assunta, das Baptisterium, den Friedhof und natürlich den weltberühmten Schiefen Turm. Er ist übrigens deshalb so schief, weil Pisa am Fluss Arno liegt, dessen Sümpfe für den instabilen Untergrund verantwortlich sind.

Am allerschönsten ist die Piazza dei Miracoli an einem Wintermorgen – viel Atmosphäre, wenig Besucher.

N 52° 10′ 25.4892′′ W 10° 21′ 9.396′′

Gallarus-Oratorium

700–800

Architekt unbekannt

Dingle, Kerry, Irland

Was hat diese bescheidene Hütte in diesem Buch zu suchen? Ganz einfach: Sie ist nicht nur eine der ältesten frühchristlichen Kirchen, sondern auch ein wichtiges Beispiel für die nordeuropäische Baukunst. Oft wird das Häuschen als ein umgekehrtes Boot beschrieben, schließlich befindet es sich an der rauen Atlantikküste. Über das genaue Alter streiten die Geschichtsforscher noch. Doch die simple Bauweise der Kapelle überzeugt: schmuckloses Trockenmauerwerk, vorn ein schlichter Eingang und Richtung Osten eine Fensteröffnung – hier lenkt nichts vom Beten ab.

© DESIGN PICS / THE IRISH IMAGE COLLECTION / GETTY IMAGES

© LATITUDESTOCK - DAVID FORMAN / GETTY IMAGES

Skara Brae

3200–2200 v. Chr.

Architekt unbekannt
Orkney,
Großbritannien

Im Gegensatz zu den meisten archäologischen Stätten vermittelt diese ein Gefühl davon, wie die Menschen tatsächlich gelebt haben. Deshalb wird Skara Brae auch das „Pompeji Schottlands" genannt. In den neun Häusern der am besten erhaltenen Jungsteinzeitsiedlung Europas wurden Möbel, Würfelspiele, Werkzeuge und Schmuck gefunden – alles über 5000 Jahre alt. Erst 1850 brachte ein Sturm die unter einem Hügel verborgene Siedlung ans Tageslicht.

© IAN DAGNALL / ALAMY STOCK PHOTO

Palazzo Te

1524–1534

Giulio Romano

Mantua, Italien

„Verweil' in Mantua", schrieb Shakespeare in *Romeo und Julia*. Bis heute ein guter Rat, denn hier befindet sich der Palazzo Te mit seinen unzähligen Räumen voller Fresken, Deckenmalereien und Marmorböden, einer beeindruckender als der andere. Der Herrscher Federico II. Gonzaga wollte, dass sein „Palast der Götter" der prächtigste Ort der Region wird, also beauftragte er den Maler und Architekten Giulio Romano, ein Schüler Raffaels. Entstanden ist ein atemberaubender manieristischer Palast im blumigen Stil der Spätrenaissance.

© JON ARNOLD IMAGES LTD / ALAMY STOCK PHOTO

Türme von San Gimignano

13.–14. Jahrhundert

Architekt unbekannt

Toskana, Italien

Vor langer Zeit – viele Jahre vor Manhattan – gab es eine kleine Stadt in Italien mit einem Faible für Türme. Man geht davon aus, dass die „Hochhäuser“ aus einem örtlichen Konkurrenzkampf heraus entstanden sind, schließlich musste der Familiensitz höher werden als der von nebenan.

Im Spätmittelalter verarmte die Stadt und erholte sich erst wieder im 19. Jahrhundert durch den Tourismus. Von den ehemals 72 bis zu 70 Metern hohen Türmen stehen heute nur noch 14, aber dennoch bleibt San Gimignano ein Zeugnis hoher Ambitionen.

© JUSTIN BLACK / SHUTTERSTOCK

Römische Bäder

60–70; 18. Jahrhundert

John Wood der Ältere, John Wood der Jüngere

Bath, Großbritannien

Nirgendwo sonst plätschert das Wasser so vornehm durch die Jahrhunderte. Bereits die Römer hatten in Aquae Sulis („Gewässer der Sulis") Thermen errichtet. Im 18. Jahrhundert waren die Heilkuren hier so beliebt, dass Bath aus allen Nähten platzte. Der Baumeister John Wood der Ältere begann deshalb, die Stadt mit georgianischem Prunk auszubauen, und sein Sohn setzte sein Werk fort. Schwimmen im furchterregend grünen Wasser des römischen Bades ist nicht erlaubt, aber der Schwefelgeruch würde einen ohnehin davon abhalten.

© JCARILLET / GETTY IMAGES

Felsendom

687–691

Kalif Abd al-Malik
Jerusalem, Israel (von Jordanien verwaltet)

Er steht an einem der am meisten umkämpften Standorte weltweit, doch seine Schönheit ist unumstritten. Der Felsendom auf dem Jerusalemer Tempelberg ist eine der heiligsten Stätten des Islams. Der Zentralbau mit dem achteckigen Grundriss wurde nach dem Vorbild byzantinischer Baukunst im 7. Jahrhundert errichtet und gilt als der älteste Sakralbau des Islams. Die goldene Kuppel leuchtet wie eine auf- oder untergehende Sonne und bildet einen wunderschönen Kontrast zu den in bunten Farben schillernden osmanischen Keramikkacheln an der Fassade.

N 64° 8′ 30.3756″ W 21° 55′ 34.5432″

Hallgrímskirkja

1945

Guðjón Samúelsson
Reykjavík, Island

Diese Kirche ist *das* Wahrzeichen Reykjavíks. Sie wurde ganz aus Beton gebaut und wirkt wie eine Rakete in der Startrampe. Benannt ist sie nach dem Dichter und Pfarrer Hallgrímur Pétursson aus dem 17. Jahrhundert. Der Architekt ließ sich vom Weiß der isländischen Gletscher inspirieren und vom Basaltgestein, das bei der Abkühlung orgelpfeifenartige Formen annimmt. Im Inneren befindet sich tatsächlich eine gewaltige Orgel, und jedes Jahr wird ein Orgelfest veranstaltet.

Vor der Kirche steht eine Statue von Leif Eriksson, dem ersten Europäer, der Amerika entdeckte. Achtung: Das sollte man in Island keinesfalls anzweifeln.

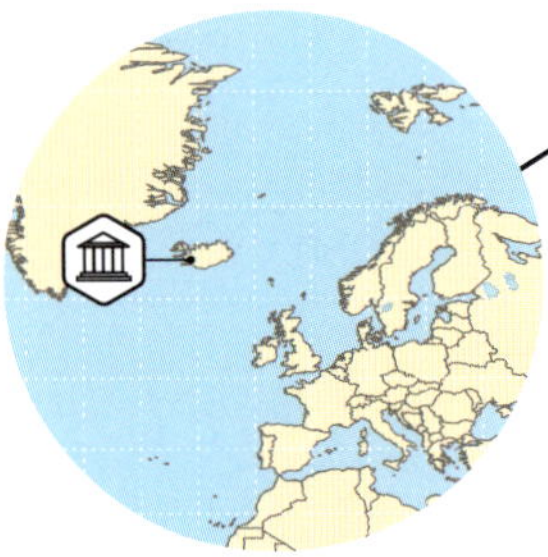

© DAVID NOTON / LONELY PLANET

N 40° 8′ 25.4904′′ O 44° 49′ 5.6352′′

© TAKEPICSFORFUN / GETTY IMAGES

Kloster Geghard

4.–13. Jahrhundert

Heiliger Gregor der Erleuchter

Goght, Armenien

Dieser mittelalterliche Klosterkomplex in Armeniens Azat-Tal hat gleich mehrere Felskirchen zu bieten. Gegründet wurde das Kloster vom heiligen Gregor als kleine Höhlenkapelle an einer Quelle. Im Mittelalter entwickelte es sich zum geistlichen und kulturellen Zentrum Armeniens, wohl nicht zuletzt aufgrund seiner umwerfenden Lage in dieser Schlucht am Fluss Azat. Der Name „Geghard" bezieht sich übrigens auf die Lanze, die Christus verwundete. Für alle Dan-Brown-Fans: Die Lanzenspitze wird heute nicht mehr hier aufbewahrt.

© DMITRY CHULOV / GETTY IMAGES

Historische Moscheenstadt Bagerhat

15. Jahrhundert

Khan Jahan Ali

Bagerhat, Bangladesch

Nicht viele Touristen kommen nach Bangladesch. Dabei ist ein Besuch durchaus lohnenswert, besonders wegen der Historischen Moscheenstadt Bagerhat. Gegründet wurde die Stadt vom türkischstämmigen General Khan Jahan Ali. Mit ihren zahlreichen erhaltenen Moscheen liefert sie ein eindrückliches Beispiel für die islamische bengalische Mauer- und Terracottabaukunst. Herzstück ist die 60-Kuppel-Moschee, die allerdings 81 Kuppeln, dafür genau 60 Säulen aufweist – womöglich ist der Name das Resultat eines Übersetzungsfehlers.

© DANITA DELIMONT / GETTY IMAGES

Fasil Ghebbi

ab 1636

Kaiser Fasilides

Gonder, Äthiopien

Dass Fasil Ghebbi einst eine mächtige Festungsstadt mit dicken Mauern, Kirchen, Klöstern und kaiserlichen Palästen war, ist immer noch gut zu erkennen. Die Ruinenstadt liegt auf einem Hochplateau in der Nähe des Tanasees und ist eine der Hauptattraktionen im äthiopischen „Goldenen Dreieck“. Ihre Dekorationen und die von Kuppeln gekrönten Häuser weisen nubische, hinduistische und arabische Einflüsse auf, die barocken Stilelemente hingegen sind das künstlerische Erbe der Jesuiten, die hier missionierten.

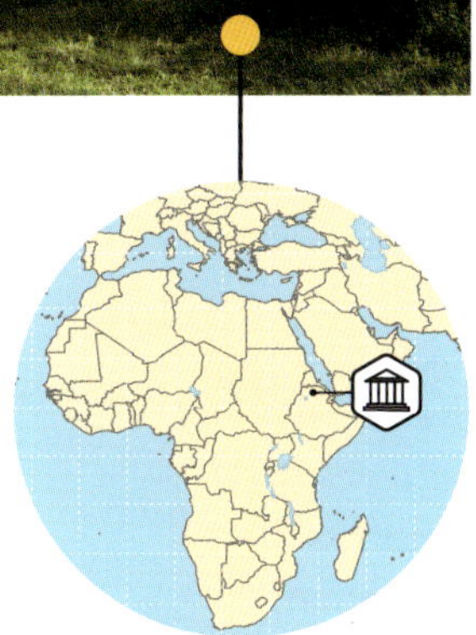

Große Moschee von Agadez

1515

Architekt unbekannt
Agadez, Niger

Die Moschee mit ihrem 27 Meter hohen Minarett ist komplett aus einem Gemisch aus Lehm, Stroh und Kieseln gebaut und der höchste Lehmbau der Welt. Entstanden ist sie im 16. Jahrhundert als Residenz des Sultans von Agadez, des Anführers der hier ansässigen Tuareg. Regen macht dem Gebäude zu schaffen, weshalb man den Turm mit Trägerstäben versehen hat, die ihm sein unverkennbares Aussehen verleihen. Immerhin ist die Konstruktion stabil genug, dass man hinaufklettern kann, vorausgesetzt man erträgt die Hitze.

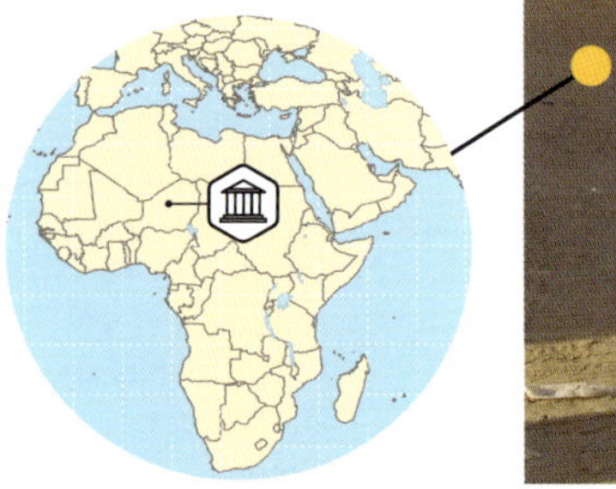

© EMILIE CHAIX / GETTY IMAGES

N 22° 57′ 52.2036′′ O 57° 18′ 2.7252′′

© ALAN LUCAS / SHUTTERSTOCK

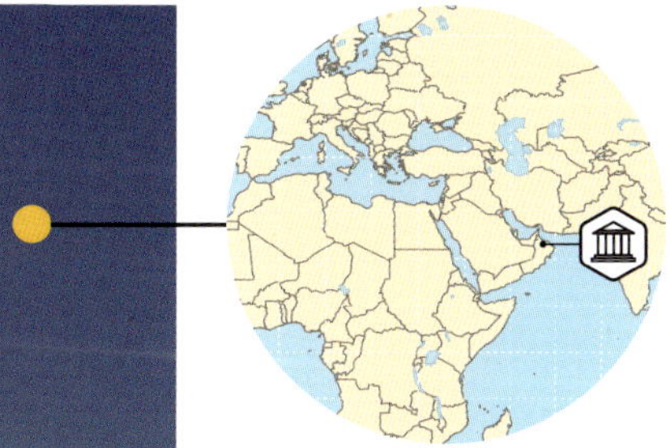

Festung Hisn Tamah

12.–15. Jahrhundert

Architekt unbekannt

Bahla, Oman

Die Festung Hisn Tamah in der Oasenstadt Bahla ist eine der ältesten und größten Festungsanlagen in Oman und ein echtes Juwel: ein riesiger Bau aus Lehm, Backstein und Kiesel. Runde Türme, Brunnen, Zinnen und kilometerlange Mauern bilden dieses großartige Kulturdenkmal, das im Laufe der Jahre mit Holztüren, Regalen und Fensterscheiben bestückt wurde. Besonders eindrücklich ist Al-Qasabah, der älteste Teil der Anlage, eine Ansammlung von Räumen über fünf Stockwerke. Wie alle Bauten aus natürlichen Materialien muss auch diese Festung immer wieder renoviert werden.

N 37° 34′ 28.5276′′ O 126° 59′ 38.9904′′

Jongmyo-Schrein

1394

König Taejo

Seoul, Südkorea

Dieser königliche Schrein, der von den Herrschern der Joseon-Dynastie errichtet wurde, besticht durch seinen unaufdringlichen Charme. Allein das Vordach zeugt von schlichter Eleganz. Mit ihren 109 Metern ist die Haupthalle eine der größten einteiligen Holzbauten der Welt.

Sinn und Zweck des Schreins war es, die Ahnen zu verehren, und zwar ohne überflüssige Ablenkung, dafür mit einem tiefen Sinn für minimalistische Würde.

© VINCENT ST. THOMAS / SHUTTERSTOCK

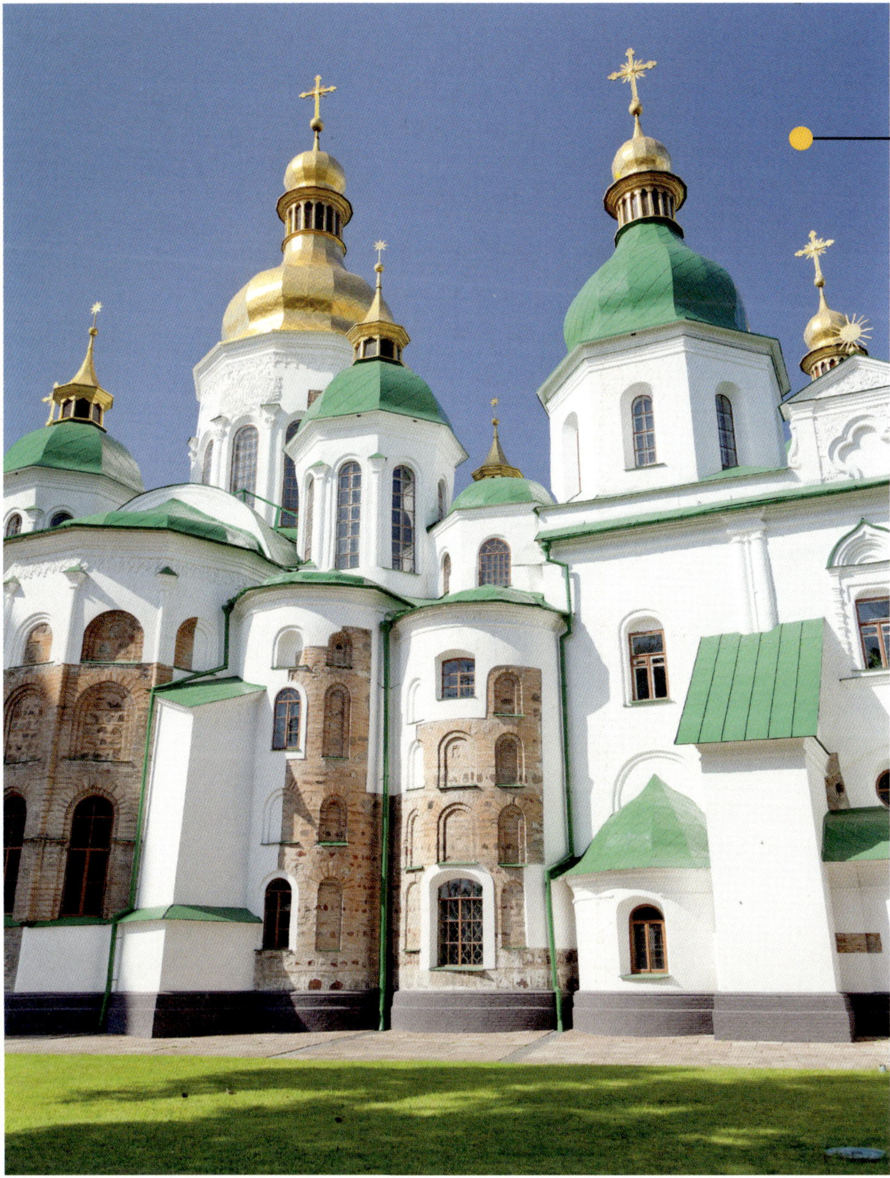

© VVOEVALE / GETTY IMAGES

Sophien-kathedrale

1011

Fürst Jaroslaw der Weise
Kiew, Ukraine

Eine Kirche, deren Erbauer sich „Fürst Jaroslaw der Weise" nannte, muss man einfach lieben. In Kiews ältester Kirche befindet sich auch Jaroslaws Gruft, doch es geht das Gerücht, dass seine sterblichen Überreste in die USA geschmuggelt wurden. Die Sophienkathedrale ist Symbol des ukrainischen Nationalismus, orthodoxe Pilgerstätte und Museum in einem – und war der Sitz der ersten Kiewer Schule. Die 13 barocken Kuppeln wurden erst später hinzugefügt. Dafür stammen einige der zahlreichen Fresken und Mosaike aus dem 11. Jahrhundert.

Titel der englischen Ausgabe:
Amazing Architecture: A Spotter's Guide
April 2018
Herausgegeben von Lonely Planet Global Limited
CRN 554153
www.lonelyplanet.com
© Lonely Planet 2017

Written by Oliver Bennett
Managing Director, Publishing Piers Pickard
Associate Publisher & Commissioning Editor Robin Barton
Art Director Daniel Di Paolo
Layout Designer Mariana Sameiro
Editor Yolanda Zappaterra
Image Researchers Ceri James, Christina Webb
Print Production Larissa Frost, Nigel Longuet
Thanks to Flora Macqueen

Verlag der deutschen Ausgabe:
MAIRDUMONT GmbH & Co. KG
Marco-Polo-Straße 1, 73760 Ostfildern
www.mairdumont.com, www.lonelyplanet.de
1. Auflage 2018
ISBN 978-3-8297-2676-4
Printed in Italy

Projektbetreuung Andrea Wurth
Übersetzung Corinna Melville
Redaktion Patrick Schär, Torat GmbH
Abbildungen © wie angegeben

ABBILDUNGEN BUCHVORDERSEITE:
OBEN VON LINKS NACH RECHTS: OLIVER HOFFMANN/ GETTYIMAGES; ARCOIMAGES GMBH / ALAMY STOCK PHOTO;
UNTEN VON LINKS NACH RECHTS: FRANCESCO VANNETTI/GETTYIMAGES; ANA FLAKER/ALAMY STOCK PHOTO; MARK READ/LONELY PLANET

Alle Rechte vorbehalten. Das Werk einschließlich all seiner Teile ist urheberrechtlich geschützt und darf weder kopiert, verfielfältigt, nachgeahmt oder in anderen Medien gespeichert werden noch darf es in irgendeiner Form oder mit irgendwelchen Mitteln – elektronisch, mechanisch oder in irgendeiner anderen Weise – weiterverarbeitet werden. Es ist nicht gestattet, ohne schriftliche Genehmigung des Herausgebers auch nur Teile dieser Publikation zu verkaufen oder zu vermitteln. Lonely Planet und das Lonely-Planet-Logo sind eingetragene Marken von Lonely Planet und beim US Patent and Trademark Office sowie in anderen Ländern registriert.
Auch wenn alle Autoren, Übersetzer, Redakteure und Lonely Planet selbst alle notwendige Sorgfalt bei der Erstellung dieses Buches haben walten lassen, übernimmt der Verlag für den Inhalt keine Haftung.

FSC www.fsc.org MIX Papier aus verantwortungsvollen Quellen FSC® C021741

Das Papier in diesem Buch wurde nach den Forest Stewardship Council®-Richtlinien zertifiziert. FSC® fördert die umweltfreundliche, sozialverträgliche und wirtschaftlich tragfähige Bewirtschaftung des weltweiten Waldbestands.